安徽师范大学中国经济学管理学建设系列教材
安徽省质量工程教材建设项目"财务大数据"（2022jcjs045）

财务大数据

汪　洋　李紫雁　花冯涛◎编著

U0746816

安徽师范大学出版社
ANHUI NORMAL UNIVERSITY PRESS

·芜湖·

图书在版编目(CIP)数据

财务大数据 / 汪洋, 李紫雁, 花冯涛编著. -- 芜湖 : 安徽师范大学出版社, 2024. 12.

-- ISBN 978-7-5676-7125-6

Ⅰ. F275

中国国家版本馆CIP数据核字第2024LW8934号

财 务 大 数 据

CAIWU DA SHUJU

汪 洋　李紫雁　花冯涛◎编著

责任编辑:阎　娟　　　　　责任校对:孔令清

装帧设计:张　玲　汤彬彬　　责任印制:桑国磊

出版发行:安徽师范大学出版社

　　　　　芜湖市北京中路2号安徽师范大学赭山校区

网　　　址:https://press.ahnu.edu.cn

发 行 部:0553-3883578　5910327　5910310(传真)

印　　刷:安徽联众印刷有限公司

版　　次:2024年12月第1版

印　　次:2024年12月第1次印刷

规　　格:700 mm × 1000 mm　1/16

印　　张:14.75

字　　数:225千字

书　　号:978-7-5676-7125-6

定　　价:58.00元

凡发现图书有质量问题,请与我社联系(联系电话:0553-5910315)

目　录

第1章　导论

【本章目标】
- 掌握大数据的定义及特征
- 掌握财务大数据的概念及特征
- 能够理解财务大数据的应用场景

【学习重点、难点】
- 大数据的特征
- 大数据技术在财务场景中的应用
- 大数据的数据类型

一、大数据的多维剖析

（一）大数据的定义

对于"大数据"（Big Data），目前还没有一个权威的定义，不同的机构给出了不同的定义。

麦肯锡基于数据特征的视角将大数据定义为：大数据是指无法在一定时间内用传统数据库软件工具对其内容进行采集、存储、管理和分析的数据集合。该数据集合巨大，以目前主流软件工具，在合理时间内难以完成撷取、管理、处理工作，也无法将其整理成帮助企业经营决策的数据。

专业研究机构Gartner从描述数据的系统过程将大数据定义为：大数据是指那些需要新处理方法才能体现出更强的决策力、洞察力和流程优化能力的海量、高增长率和多样化的信息资产。

从上述主流的定义中不难发现，第一，大数据中的"大"不仅仅是指数据量的积累，其意义指向是要实现由"量"的积累到实现"大"的质的变化。第二，大数据中的数据不是传统意义上的数据，这些数据因集合而产生意义价值，具有可观的利用前景。第三，要基于这些大数据产生价值和效能，那么就必然要求这些数据之间存在意义和结构上的关联。第四，大数据不是"死"数据，而是"活"数据，不是"假"数据，而是"真"数据，是必须予以应用并产生实际效用的数据。

（二）大数据的特征

尽管对大数据的概念界定没有统一标准，但学术界对大数据的四个基本特征具有较为统一的认识。大数据区别于普通数据的四个特征为数据量巨大（Volume）、数据种类多（Variety）、低密度高价值（Value）、实时处理（Velocity），也称为"4V"特征。

1.Volume

大数据通常指10TB规模以上的数据量。之所以产生如此巨大的数据量，一是各种仪器设备的使用，使我们能够感知到更多的事物，这些事物的部分甚至全部数据可以被存储；二是通信工具的使用，使人们能够全时段地联系，机器—机器（Machine to Machine，简称为M2M）方式的出现，使得交流的数据量成倍增长；三是集成电路价格降低，使很多物品有了智能的成分。

2.Variety

随着传感器种类的增多以及智能设备、社交网络等的流行，数据类型也变得更加复杂，不仅包括传统的关系数据模型，也包括以网页、视频、音频、E-mail、文档等形式存在的未加工的、半结构化的和非结构化的数据。

3.Value

大数据背后隐藏着极高的经济价值，但是，大数据的价值深藏于浩瀚的数据当中，需要多来源数据的参照、关联、对比分析，需要独到的思维、高超的技术，挖掘大数据的价值就类似于沙里淘金。大数据的巨大价值来自其超前预测能力和真实性。

4.Velocity

大数据具有数据增长速度快、处理速度快、时效性要求高的特点。Velocity 是大数据区别于传统数据的显著特征，大数据时代，快速从海量数据中挖掘出用户所需的信息需要强大的信息技术作支撑。例如淘宝"双11"促销时，销量、销售金额、订单量等信息实时展示，智慧搜索引擎能将几分钟前的新闻推送给用户，电子商务个性化推荐算法要求实时根据用户搜索或购买结果完成商品推荐等。

（三）大数据的类型

大数据不仅数量巨大，而且数据类型较多。按照不同的分类标准，大数据可分为不同的类别。

1.按照数据结构分类

按照数据结构可以将大数据划分为三类，即结构化数据、非结构化数据、半结构化数据。

（1）结构化数据。

传统的数据大多是结构化数据，即使在大数据时代，结构化数据也是非常重要的数据类型之一。企业信息系统中的数据都是结构化数据。结构化数据具有统一的数据结构和规范的数据访问、处理方法。

如表 1-1 所示的数据是典型的结构化数据表现形式——关系数据模型。关系数据模型用二维表来表示数据，二维表由若干列组成，如表 1-1 所示的二维表由员工编码、部门、员工姓名、职位和基本工资等列组成（注：

表中信息是模拟的，后同），表中的行是二维表的数据，数据行由列的若干取值构成。

表1-1 关系数据模型

员工编码	部门	员工姓名	职位	基本工资/元
000101	总裁办	吴弘易	总裁	150 000.00
000102	总裁办	张诚毅	副总裁	120 000.00
000103	总裁办	施新河	副总裁	120 000.00
000104	研发管理部	吴雅玲	研发总监	50 000.00
000105	研发管理部	陈晓东	质量总监	40 000.00
000106	研发管理部	许冬冬	研发助理	6 000.00
000107	研发管理部	林怡航	UI界面设计师	18 000.00
000108	研发一部	蔡以周	产品经理	35 000.00
000109	研发一部	尹诗晴	需求分析师	25 000.00

（2）非结构化数据。

与结构化数据相比，非结构化数据是指不能采用预先定义好的数据模型或者没有以一个预先定义的方式来组织的数据。常见的非结构化数据有文本、声音、图像、视频、超媒体等。

非结构化数据库是针对非结构化数据的存储和处理而产生的新型数据库，与结构化数据库不同的是，它突破了数据固定长度的限制，支持重复字段、子字段和变长字段的应用，从而实现了对变长数据和重复字段进行存储和管理。

（3）半结构化数据。

半结构化数据是介于结构化数据和非结构化数据之间的数据，互联网中的XML文件、HTML文件就属于半结构化数据。半结构化数据一般是自描述的，数据的结构和内容混在一起，没有明显的区分。

与结构化数据和非结构化数据相比，半结构化数据的格式更接近于结构化数据，但其结构变化又很大，因此，半结构化数据常需要采用非结构化数据的处理方式来管理。实际上，结构化、非结构化以及半结构化数据之间的不同，只不过是数据的格式不同。

2.按照产生主体分类

大数据按照产生主体可以划分为三类，即企业数据、机器数据和社会化数据。

（1）企业数据。

企业数据主要指来自企业信息系统的数据，包括 ERP 系统中的数据、CRM 系统中的数据，以及其他企业业务系统中和企业运营等有关的数据。目前，企业数据仍然是应用最多的数据源之一，麦肯锡公司 2011 年发布的报告《大数据：下一个创新、竞争和生产力的前沿》中表明，仅美国制造行业产生的数据就比美国政府产生的数据要多一倍。企业每天都在产生和更新数据，数据已经成为企业资产的一部分。

（2）机器数据。

机器数据是软硬件设备自动产生的数据，大多机器数据都是最原始的数据。机器数据包括日志文件、呼叫记录以及设备日志等。在大数据中，机器数据是增长比较快的一种数据，其所占的份额也比较大。在现代企业机构中，不管是什么规模都会产生大量的机器数据，如何管理机器数据、如何在万千数据中利用机器数据创造业务，是现代企业亟需解决的问题。

（3）社会化数据。

用户在媒体中分享自己的信息或评论他人的信息被称为社会化数据。社会化数据主要来自用户的行为记录、社交网络及反馈数据等。与静态数据相比，社会化数据更具备实时性和流动性的特点。

随着网络的流行、社交软件的大量使用，用户的登录和访问都会产生巨大的数据量，例如网络上的评论、视频、图片、个人信息资料等，这些数据都隐含了巨大的商用价值。

（四）大数据的发展与应用

1.大数据的发展

最早提出"大数据"时代已经到来的机构是全球知名咨询公司麦肯锡。1980年，著名未来学家阿尔文·托夫勒便在《第三次浪潮》一书中，将大数据热情地赞颂为"第三次浪潮的华彩乐章"。进入21世纪后，大数据得到了飞速发展（表1-2）。

表1-2　21世纪主要大数据发展事件概要

时间	事件
2005年	Hadoop项目诞生，后因技术高效性，被Apache Software Foundation引入，成为开源应用
2008年末	"大数据"得到部分美国知名计算机科学研究人员认可，《自然》杂志专刊提出"Big Data"概念
2009年	印度、美国和欧洲的一些领先研究机构与联合国一同对"大数据"展开进一步研究，引发高潮
2010年	肯尼斯·库克尔在《经济学人》上发表了一份关于管理信息的特别报告《数据，无所不在的数据》，"大数据"一词诞生
2012年	美国第一家大数据软件公司上市，联合国出台大数据白皮书，阿里巴巴全面推进"数据分享平台"战略，大数据价值得到进一步挖掘
2015年	国务院正式印发《促进大数据发展行动纲要》，标志着大数据正式上升为国家战略
2016年	大数据产业"十三五"规划出台，推动大数据在工业研发、制造、产业链全流程及服务业的发展
2016年12月	工信部发布《大数据产业发展规划（2016—2020年）》，进一步明确了促进我国大数据产业发展的重点任务、重大工程和保障措施
2017年10月	中共十九大报告指出：加快建设制造强国，加快发展先进制造业，推动互联网、大数据、人工智能和实体经济深度融合
2022年10月	中共二十大报告指出：加快发展数字经济，促进数字经济和实体经济深度融合，打造具有国际竞争力的数字产业集群

大数据离不开云处理，云处理为大数据提供了弹性可扩展的基础设备，是产生大数据的平台之一。自 2013 年开始，大数据技术已经和云计算技术深度融合。物联网、云计算、移动互联网、车联网、手机、平板电脑以及遍布全球各个角落的各种各样的传感器，无一不是数据的来源或承载的方式，包括网络日志、RFID（射频识别）、传感器网络、社会网络、互联网文本文件、互联网搜索索引、天文学、大气科学、军事侦察、医疗记录以及大规模电子商务等。

2.未来大数据的主要应用领域（表 1-3）

表 1-3　未来大数据的主要应用方向

领域	应用方向
电商	根据客户的消费习惯提前准备生产资料、物流管理等,有利于精细社会大生产;结合用户画像等进行精准营销
金融	现在很多股权的交易都是利用大数据算法进行的。这些算法越来越多地考虑了社交媒体和网站新闻等因素,以决定在未来几秒内是买入还是卖出
医疗	无论是病理报告、治疗方案还是药物报告等方面,医疗机构都是数据比较庞大的行业,我们可以借助大数据平台收集各种病例和治疗方案,以及病人的基本特征,建立针对疾病特点的数据库
农林牧渔	可以降低菜贱伤农的概率,精准预测天气变化,帮助农民做好自然灾害的预防工作,也能够提高单位种植面积的产出;可以根据大数据分析安排放牧范围,帮助牧农有效利用农场,减少动物流失;可以利用大数据安排休渔期、定位捕鱼等,同时,也能减少渔民人员损伤
安全执法	利用大数据打击恐怖主义,企业应用大数据技术防御网络攻击,警察应用大数据工具捕捉罪犯,信用卡公司应用大数据工具拦截欺诈性交易
交通	利用大数据传感器数据了解车辆通行密度,合理进行道路规划,包括单行线路规划;实现即时信号灯调度,提高已有线路运行能力
教育	实行个性化教育,因材施教,改善教育教学

二、财务大数据的概念及特征

（一）财务大数据的概念

传统财务数据主要以财务报告数据为主，包括资产负债表、利润表、现金流量表、股东权益变动表以及报表附注等相关的财务数据。大数据给企业带来了更大的风险与挑战，大数据不仅扩大了企业财务数据的范畴，而且也对企业财务数据的处理、分析及反馈提出了更高的要求。财务大数据除了涵盖传统的财务报告数据之外，还包含宏观数据、行业数据，以及企业供应链等相关数据；同时，财务大数据的数据类型除了结构化数据之外，还包括非结构化数据和半结构化数据。

（二）财务大数据的特征

随着大数据时代的来临，企业财务管理不再仅仅局限于财务自身领域的一隅之地，而是渗透到企业的各个领域，例如研发、生产、人力资源、销售等。可以说大数据时代的来临扩大了财务管理的影响力和作用范围，财务部门从原本的单纯的财务管理活动向数据的收集整理、处理分析方向转变。

具体而言，相比于传统财务数据，财务大数据的特征主要体现在以下四个方面。

1.数据来源的广度与深度发生改变

大数据时代下，财务管理的管理范围被极大地扩大。除了原来的管理范围之外，大数据时代下的财务管理还管理着很多非财务数据，包括销售信息、研发信息以及人力资源信息等。这是财务管理数据来源在广度上发生的变化。

财务管理数据来源在深度上发生的变化是财务管理数据由原来的结构化数据向非结构化数据、半结构化数据转变。结构化财务数据是由传统的

运营系统产生的，这部分数据大多存储在关系型数据库中；非结构化和半结构化财务数据的来源较为广泛，比如来自传感器的各种数据，移动电话的 GPS 定位数据，实时交易信息，行情数据信息，用户的网络点击量，顾客的搜索路径、浏览记录、购买记录等。在开展财务管理的过程中，非结构化和半结构化财务数据直接影响了财务数据的构成。

2.数据处理由原来的集中式向分布式转变

大数据时代，不仅企业数据量呈现出指数化增长趋势，而且企业数据分析处理的时效性要求也更高，传统的财务处理方式已不能满足大数据时代下的企业财务管理之需。大数据时代下的财务数据处理需要由原来的集中式计算结构，转变为分布式的计算结构。

目前主流的三大分布式计算系统分别为 Hadoop、Storm 和 Spark。Hadoop 可以轻松地集成结构化、半结构化甚至非结构化数据集。Storm 是分布式实时计算系统，它以全内存计算方式处理源源不断流进来的消息，处理之后再将结果写入某个存储。而 Spark 则是基于内存计算的开源集群计算系统，能够更快速地进行数据分析。这三种计算架构在财务数据的处理方面各有优势，同时也有自身的劣势。在选择财务数据计算架构时，企业应根据自身具体情况进行判别。

3.数据分析从数据仓库向深度学习转变

财务数据分析工作是企业在信息管理方面的重要内容。早期的会计电算化主要是面向操作型的，从会计凭证、账簿到报表都没有可靠的历史数据来源，自然也就不能将财务信息转换为可用的决策信息。随着信息处理技术的应用，企业可以利用新的技术实现财务数据的联机分享，还可利用统计运算方法和人工智能技术对数据仓库进行横向和纵向的分析，从而将大量的原始数据转化为对企业有用的信息，提高企业决策的科学性和可操作性。

例如，苏宁电器构建了 ERP 系统，其中在物流系统中将库存商品基础数据（包括产品编号、名称、规格型号、计划单价等）、商家基本数据（包括商家编号、名称、地址、电话、邮编、银行账号等）与财务信息系统中的数据进行连接；资金流系统中的保理、保险、银行客户的基本数据、支付结算方式编码、货币编码、利率编码等与财务信息系统中的数据进行共享。这些措施在一定程度上使苏宁实现了财务数据共享和深度分析。

4.数据输出形式由图表化转向可视化

在以前的财务数据输出工作中，企业大多采用图表的形式来报告企业财务信息，比如财务报表等。在大数据背景下，企业改变了以往的信息输出形式，将复杂的财务数据转化为直观的图形。更进一步，企业可以综合采用图形、表格和视频等方式将数据做可视化呈现，从而更好地将信息传达给企业内部及外部的信息使用者，为企业决策提供数据支持。

例如，社交网络中的语音、图像、视频、日志文件等都是可视化的财务数据输出形式。1号店、淘宝商城等电商平台就记录或搜集了网上交易量、顾客感知、品牌意识、产品购买和社会互动等行为数据，以可理解的图形、图片等方式直观呈现出企业在不同时间轴上财务数据的变化趋势。

三、财务大数据的典型应用场景

大数据场景应用本质上是数据的业务应用场景，是数据和数据分析在企业经营活动中的具体表现。财务大数据的典型应用场景包括财务分析、资金管理、全面预算、成本管理、投资决策等。

（一）财务分析

大数据时代，财务分析数据的来源除了内部财务账表以货币计量的结构化数据外，还有各类非结构化数据、半结构化数据等，并且可用的外部数据也越来越多。大数据时代的财务分析偏重于相关分析，即从某一相关事务的变化去分析另一相关事务是否发生变化，如没有变化或者变化不合常规，再分析其影响因素，以解释没有变化或者变化不合常规是否合理。比如，由于收入变化了，因此分析利润是否发生变化，如果利润没有变化或者变化不合常规，那么再分析成本、费用是否发生变化，并通过分析成本、费用是否发生变化来判断利润没有变化或变化不合常规是否合理。

（二）资金管理

资金管理是大型企业集团财务管理的核心内容，对企业战略发展和风险控制有重要的影响。大数据的出现也影响着资金管理的工作方式，原有的资金管理流程也会随之改变。

例如，一笔资金支付业务，原来的流程可能是业务部门提出资金需求，财务部门进行账务处理，然后流转到出纳。出纳制单后，再通过企业内部的审核流程，最终在银行付款。财务分析人员可能在周或月度结束后，从财务系统中取得数据，然后对本公司支付用途进行统计分析。而在大数据时代，业务部门和财务部门几乎能同时进行处理。财务人员也不再需要拿到银行流水单再进行账务处理，而事后的统计分析工作也可以在支付的同时就得以操作。大数据简化了原来的流程，缩短了业务处理时间。

同时，大数据打破了原有的工作边界，资金管理不再只是关注资金的信息，而是要扩大范围，将企业内部各个职能部门都考虑在内，甚至包含上下游企业、竞争对手等，从而实现全流程、信息一体化管理。

（三）全面预算

财务大数据环境下，全面预算依赖的数据类型不仅包括传统预算中的财务数据，而且还包括音频、视频、地理位置、天气等非结构化数据，通过对这些数据的分析可以提升全面预算的准确性。

例如，在编制采购预算时，可以深入分析大数据中隐藏的信息，科学选择原材料供应商；同时，还可以评价下级部门采购预算是否合理，以便更好地编制企业全面预算。与此同时，由于大数据使传统的自上而下传递预算任务的顺序发生改变，自下而上的预算审批顺序也因此发生变化，从而使得全面预算编制周期明显缩短。此外，在编制资金预算时，依托大数据分析，管理者能够判断预算资金是否合理，以防各部门虚报或瞒报预算资金。

（四）成本管理

成本管理是企业内部控制中最重要的部分，贯穿于企业经营的各个环节，成本管理有利于降低成本，提高经济效益。企业要获取更高的净利润，需要对生产成本和人力成本等多方面进行管控。传统成本管理更偏重于产品的生产成本管理和生产过程管理，相对忽视了其他诸如产品开发、采购、销售等过程的成本管理。

在大数据时代，财务管理人员能够及时采集企业生产制造成本、流通销售成本等各种类型的数据，并将这些海量数据应用于企业成本控制系统，通过准确汇集、分配成本，分析企业成本费用的构成因素，区分不同产品的利润贡献程度并进行全方位的比较与选择，从而为企业进行有效的成本管理提供科学的决策依据。

（五）投资决策

财务大数据的应用给企业的投资决策提供了海量的数据，从而支撑企业制定相对合理且科学的投资决策，提升企业投资决策效率和效果。

一方面，企业可建立专门的大数据收集平台，针对决策相关的数据进行收集、处理与提取，以提升数据获取的准确性、相关性与及时性；然后，构建大数据云计算平台，实时对大数据进行分析；接着，利用数据挖掘功能对信息与结果之间的相关性进行分析；最后，根据分析结果对较大概率能获得收益的项目进行投资。

另一方面，企业也可通过建立量化投资模型帮助决策者处理海量数据，使决策者能够在短时间内对影响投资结果的因素进行多角度的分析，包括经济周期、市场、未来预期、盈利能力、心理因素等，进而根据模型分析结果做出投资决策，大大提高投资效率。企业也可通过大数据建立对不同的风险因素进行组合分析的数学模型，使其能在较短时间内迅速识别潜在的风险并进行精确的量化分析，进而实现对投资项目的风险控制。

四、大数据技术在财务场景中的应用

从本质上看，大数据技术能够从类型各异或内容庞大的数据中快速有效地获取有价值的信息并加以分析。大数据应用于财务场景中的关键技术主要有：大数据采集与预处理、大数据分析与挖掘以及大数据可视化。

（一）大数据采集

根据数据源的不同，大数据采集的方法也不同。大数据采集方法有以下几大类。

1. 从数据库中采集

传统企业会使用 MySQL、Microsoft SQL Server 或 Oracle 等关系数据库来存储数据。而随着大数据时代的到来，Redis、MongoDB 和 HBase 等 NoSQL 数据库也常用于数据的存储。企业可在采集端部署大量数据库，以支持完成大数据的采集工作。

2. 从系统日志中采集

系统日志采集主要是收集公司业务平台日常产生的大量日志数据，供离线和在线的大数据分析系统使用。

3. 从网络数据中采集

网络数据采集是指通过网络爬虫或网站公开应用程序编程接口（Application Programming Interface，简写为 API）等方式从网站上获取数据信息。这种方式可将网络中的非结构化数据、半结构化数据从网页中提取出来，存储在本地的存储系统中。

4. 感知设备数据采集

感知设备数据采集是指通过传感器、摄像头和其他智能终端自动采集信号、图片或录像来获取数据。

（二）大数据预处理

大数据预处理就是对已经采集到的数据进行适当的处理或清洗去噪，之后再进一步集成存储。

大数据预处理技术主要有数据清理、数据集成和数据变换。其中数据清理可以将一些噪音数据和异常的数据剔除，同时纠正可能存在不一致情况的数据。数据集成是将来自不同数据源的数据合并在一起，从而形成一致的数据存储。数据变换则是将数据转换成能支持数据分析模型的形式，以使数据分析结果更准确、更有意义。

（三）大数据分析与挖掘

经过大数据采集和预处理后，便可进入大数据分析与挖掘环节。大数据分析与挖掘的目的是从一大批看似杂乱无章的数据中把有用的信息提炼出来，从而找出所研究对象的内在规律。在实际应用中，大数据分析与挖掘可帮助人们做出判断，以便采取适当行动。

常见的大数据分析与挖掘方法有聚类分析、时间序列分析、关联分析、回归分析、支持向量机、决策树等。

（四）大数据可视化

面对海量的数据，如何将其清晰明朗地展现给用户是大数据处理所面临的巨大挑战。虽然对于大数据处理来讲，数据分析与挖掘才是其核心所在，但是数据使用者所关心的却通常是数据展示的结果。由于大数据在进行结果分析的时候会存在海量或关联关系极为复杂等特点，因此，如何通过图形化、图像化以及动画化等技术和方法展示大数据显得尤为重要。

可视化技术不仅能够迅速且有效地简化与提炼数据，还能让用户从复杂的数据中更快、更好地获取到新的发现。在大数据时代，利用形象的图形向用户展示结果已经成了最理想的一种数据展示方式。

第2章　财务数据可视化

【本章目标】
● 掌握财务数据可视化的要素
● 能够熟练使用数据可视化的分析工具
● 能够根据分析目标设置不同的可视化看板

【学习重点、难点】

重点：
● 财务数据的可视化要素
● 可视化看板设计

难点：
● 根据分析目标设置不同的可视化看板

一、财务数据可视化的要素

（一）财务数据如何呈现

数据是一个广义的概念，其形式可以是数字，也可以是具有一定意义的文字、字母、图形、图像、视频、音频等。作为现实世界的一种映射，数据存在实际意义，或者说数据隐藏着故事。但是，数据本身是不会说话的，如果我们不知道自己想了解什么，或者能从数据中了解什么，那么，数据就只是一堆冰冷、枯燥且没有意义的数字或符号而已。

数据可视化可以借助图形化手段，清晰有效地传达与沟通信息。其基本思想是：将数据库中每一个数据项作为单个图元元素表示，大量的数据集构成数据图像，同时将数据的各个属性值以多维数据的形式展示，可以从不同的维度观察数据，从而对数据进行更深入的观察和分析。

（二）财务数据可视化要素

一个优秀的数据可视化界面，通常具备8个要素，如图2-1所示。

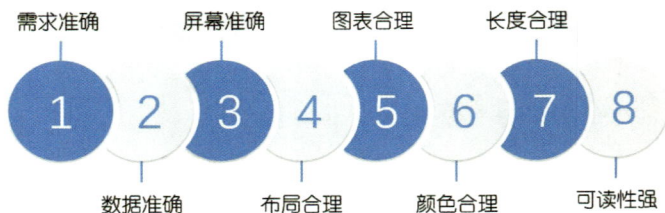

图2-1　数据可视化要素

1.需求准确

示例：在一酒店前台，一客人对前台服务员说："请给我一瓶水。"那这位客人的需求是什么？

（通常情况下，客人的这个需求本质是渴了，而并不仅是要一瓶水。）

所谓需求准确，即找准人，做对事。数据可视化通常会应用于企业客户中高层领导，找到真正的客户（关键客户），了解这个真正的客户的需求至关重要，会达到事半功倍的效果，反之亦然（图2-2）。

图2-2 找到关键客户

图2-3为企业中管理层角色会关注的内容。

图2-3 管理层角色关注的内容

2.数据准确

数据准确是数据可视化的根本，只有在数据准确的前提下，才有可能讨论数据可视化的事情。数据准确会涉及一系列内容，包括但不限于数据正确、逻辑正确、单位正确、位置准确、颜色准确、大小准确等（图2-4、图2-5）。

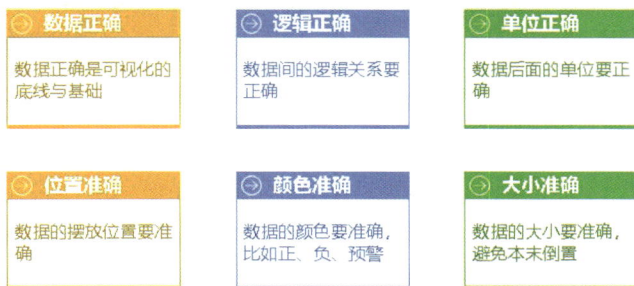

图2-4 数据准确涉及的内容

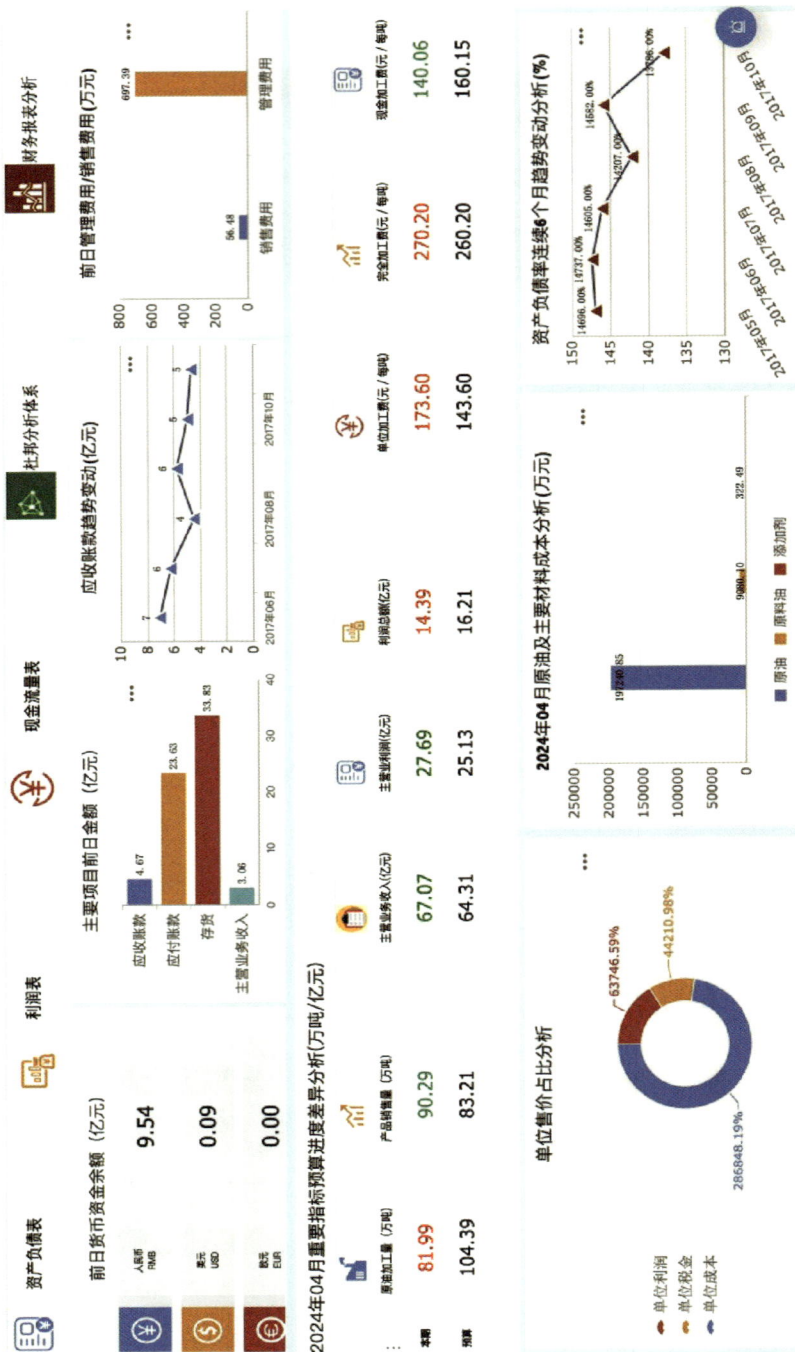

图2-5 某公司财务看板

（1）数据正确。

数据正确是底线，没有一个客户会对不正确的数据可视化有兴趣。数据可视化成果出来后，客户首先会对上面的数据进行询问。

（2）逻辑正确。

数据的逻辑正确，有时也称数据口径，是解释数据正确的一个基础支撑。逻辑不正确，通常数据也就不会正确。

（3）单位正确。

可视化界面中的数据基本都会有单位来辅助，例如元、万元、亿元。如果数据不带单位，那么对数据可能会产生误读。

（4）位置准确。

数据位置虽然不能给数据带来误读的可能，但位置不准确会降低数据可读性。核心的数据指标一般会放在界面的最上面或中间，与人的阅读习惯相同。

（5）颜色准确。

数据颜色通常不要太多（3 种及以内即可），界面花花绿绿会干扰数据的阅读，如果需要预警，最好用突出显示的颜色，例如：红色。

（6）大小准确。

数据大小要准确，该大的时候大，该小的时候小，增加阅读体验感。图 2-5 中，核心指标卡数据明显大于其他数据，但其他数据在界面上也可以看得清。

3. 屏幕显示准确

多屏是现在企业可视化应用不可忽视的需求，数据可视化适应多屏已经是这类产品标配的功能。从最早的 PC，到目前流行的大屏、移动端、Pad 端等，在设计可视化之前，一定要知道将来是要在什么样的屏幕、什么样的分辨率下进行展示，屏幕的大小及分辨率会直接影响可视化的设计与最终的呈现效果。

注：虽然很多厂商，都宣称自己的数据可视化工具可以自适应屏幕大小，但实际效果都不尽如人意，不同屏幕大小不光会有显示的差异，还会

有互动体验上的差异。试想，你在大屏上设计的界面，放到移动端上看交互使用，应用效果可想而知，所以在设计的时候一定要提前了解分辨率及屏幕大小（图2-6）。

图2-6　不同屏幕分辨率示意图

4.布局合理

布局是可视化作品的战略要素，布局的合理与否会直接影响内容的阅读性，通常用户会遵循从上到下、从左到右的阅读习惯。同时，可视化呈现的内容会分为核心指标数据与一般指标数据，以下列举一些常用布局做参考。

示例一：整体描述在右下侧，核心指标在最上方，一般指标在左侧。

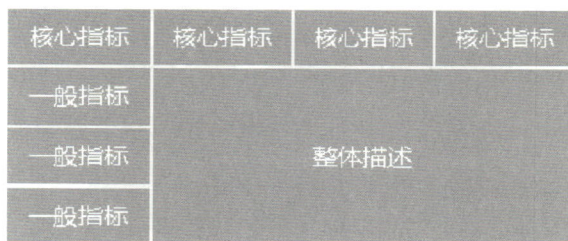

示例二：整体描述在左下侧，核心指标在最上方，一般指标在右侧。

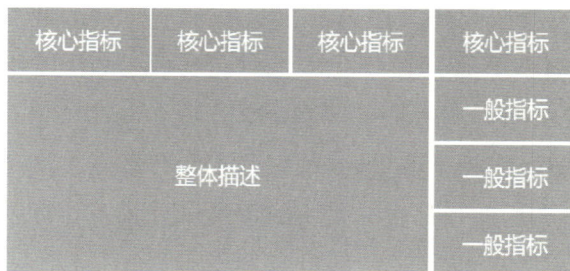

示例三：整体描述在中心，核心指标在最上方，一般指标在两侧。

核心指标	核心指标	核心指标	核心指标
一般指标			一般指标
一般指标	整体描述		一般指标
一般指标			一般指标

示例四：整体描述在中心，核心指标在最上方，一般指标在两侧及最下方。

核心指标	核心指标	核心指标	核心指标
一般指标			一般指标
一般指标	整体描述		一般指标
一般指标			一般指标
一般指标		一般指标	

5.图表合理

合理的图表是数据可视化的核心内容。数据可视化，核心就是由不同的图表来呈现数据。合理图表的选择，会让数据解读更容易、更轻松，会让使用者从众多数据中看到重点，会让数据的价值最大化呈现出来。

如何在数据可视化中应用合理的图表，需要了解每种图表的功能与特性，什么样的数据用什么样的图表呈现才合理，什么样的数据用什么样的图表呈现更容易释放数据的价值。在下一节我们会对一些常用的图表及一些扩展的图表做详细的描述，此处不做过多解释。

6.颜色合理

合理的颜色选择，会使数据的呈现锦上添花，反之亦然。颜色通常会给人带来视觉上的感官刺激，时间长了，还会使人产生肌肉记忆，比如：马路上的红绿灯，股市中的红绿色等。通常，可视化中的主色要与最终客户公司所倡导的颜色相近或一致，同时一个页面上的颜色不宜太多，3～5种即可。

示例一：

襄阳市中心医院官网（图2-7）的主色系为墨绿色，我们如果要给这个客户做可视化看板，就要围绕墨绿色做文章。

图2-7　襄阳市中心医院官网截图

根据官网色系，设计初稿效果图（图2-8）。

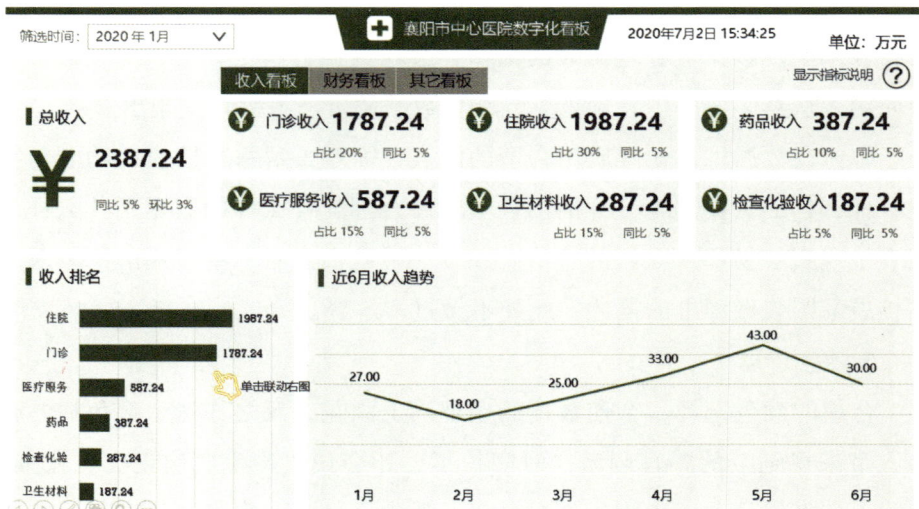

图2-8　襄阳市中心医院数字化看板

示例二：

重庆市妇幼保健院官网（图 2-9）的主色系为粉色，如果要给这个客户做可视化看板，就要围绕深粉色做文章。

图 2-9　重庆市妇幼保健院官网截图

根据官网色系，设计初稿效果图（图 2-10）。

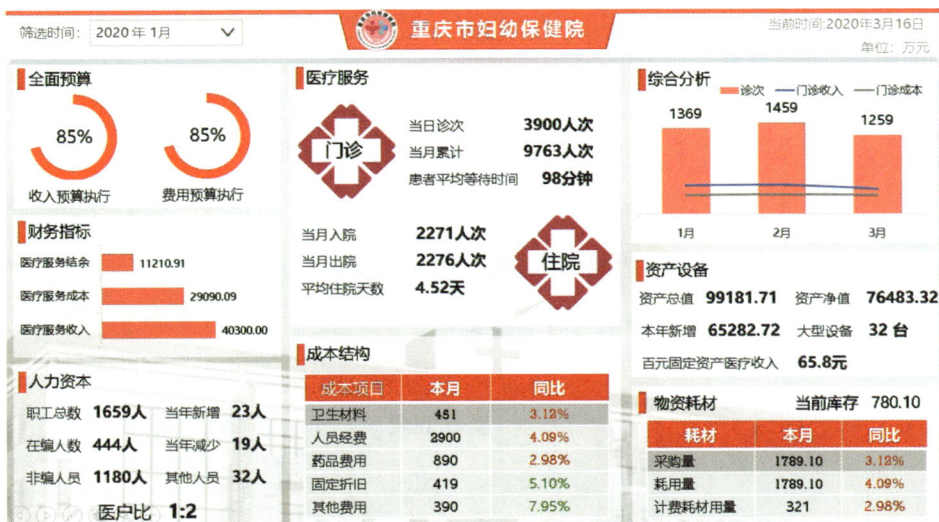

图 2-10　重庆市妇幼保健院可视化看板

7. 长度合理

长度合理是指维度字数的长度合理。不合理的维度字数长度，会使图形的实际效果与设计效果差距明显。

在设计效果图的时候，每个图形中的维度字数基本都是按效果最合理的方式进行填充，但实际中维度字数的长度却往往不尽如人意。比如，我们设计某集团公司5个二级公司的营收排名，图2-11为对比图。

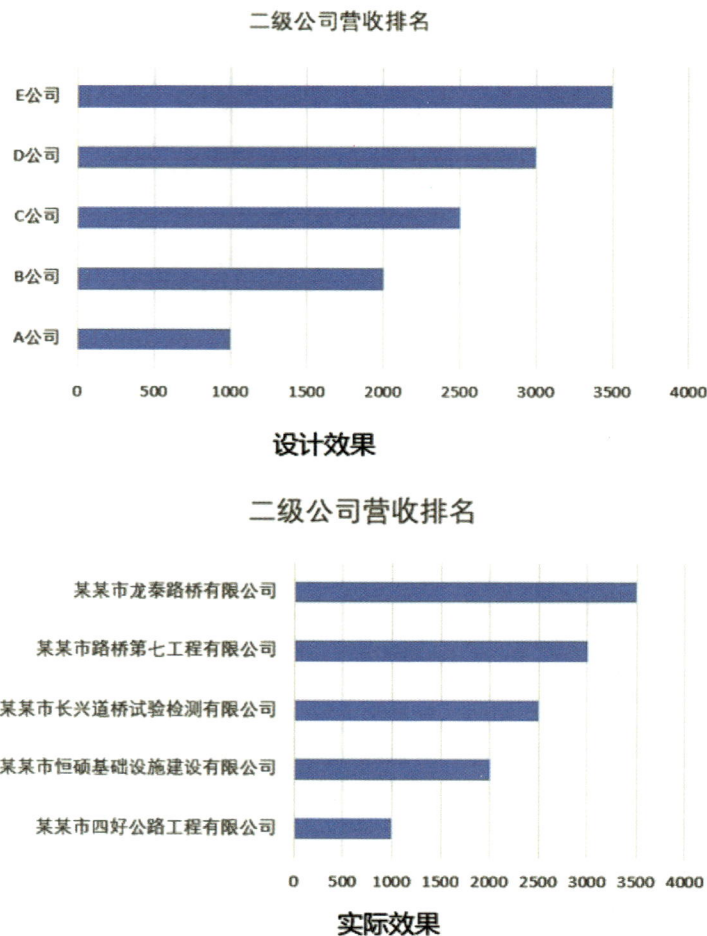

二级公司营收排名

设计效果

二级公司营收排名

实际效果

图2-11 对比图

维度字数的长度尽量控制在一定范围内（根据实际效果测试范围），例如：公司名字尽量不要用全称，要替换成简称。同理，度量的数字长度也一定要按合理效果进行缩放，比如按万元、亿元显示，在数字可读的前提下，使图形呈现更美观。

8.可读性强

可读性强，听起来很抽象，实际上是要将数据通过可视化串联出一个完整的故事，增加数据的可读性。可视化最终呈现给用户的时候，通常会有个专业术语，即故事板或仪表盘、驾驶舱，其目的是将一系列数据组织成一个故事性很强的画面，通过故事的方式来讲数据，讲企业，讲数据背后的价值。图 2-12 ~ 图 2-17 中的故事板读取顺序为：制水→售水→污水→工程→管网→客服。

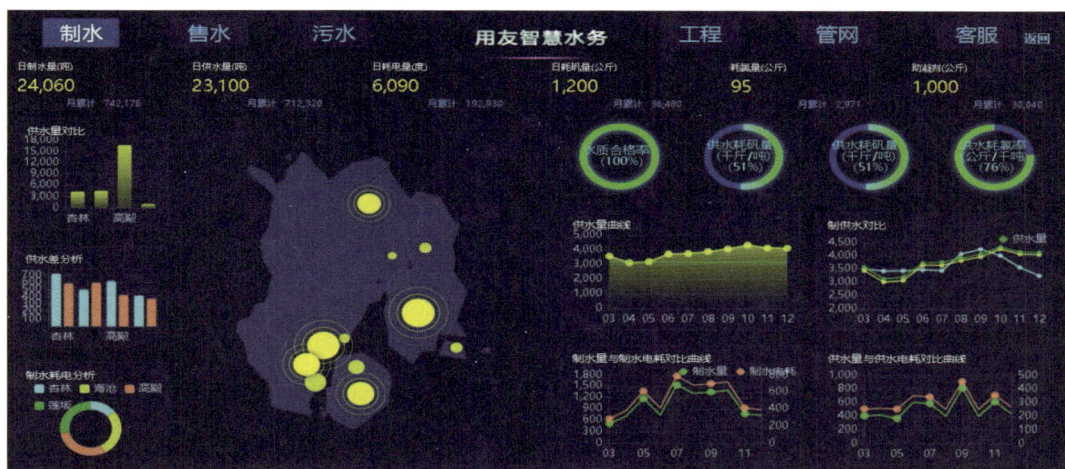

图 2-12　制水状况图

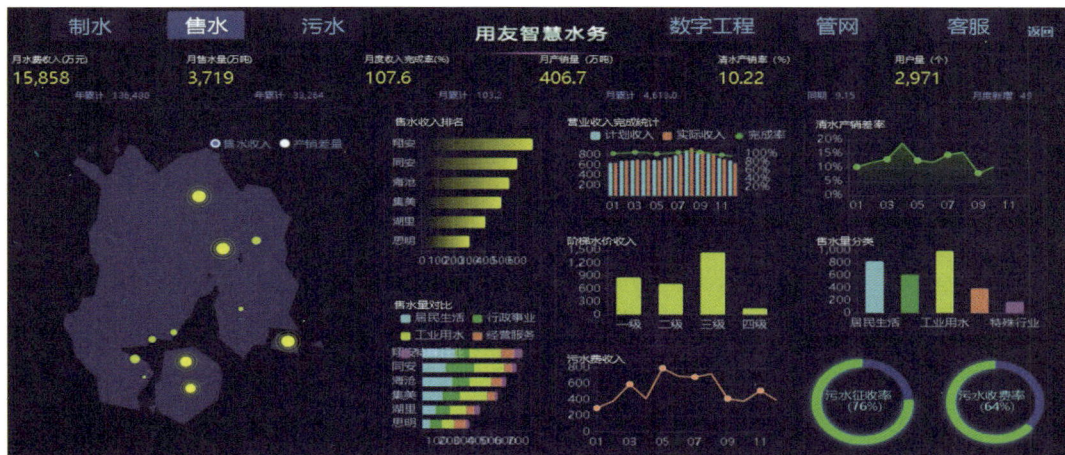

图 2-13　售水状况图

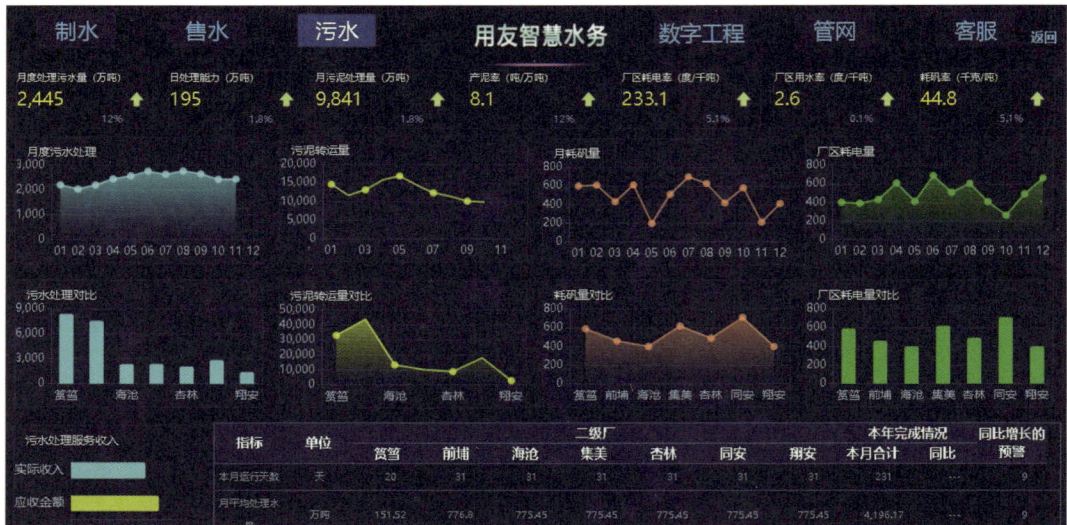

图 2-14　污水状况图

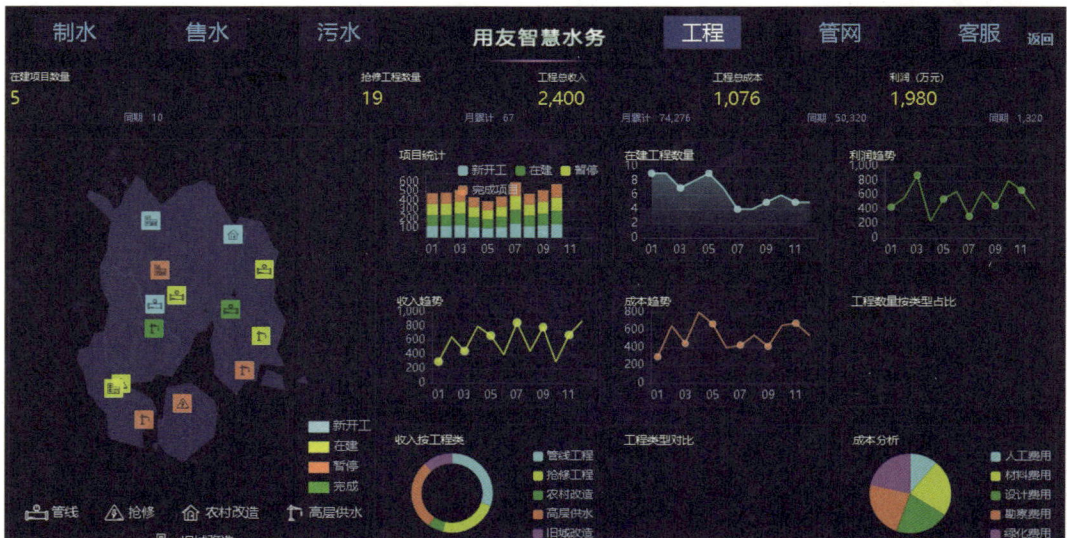

图 2-15　工程状况图

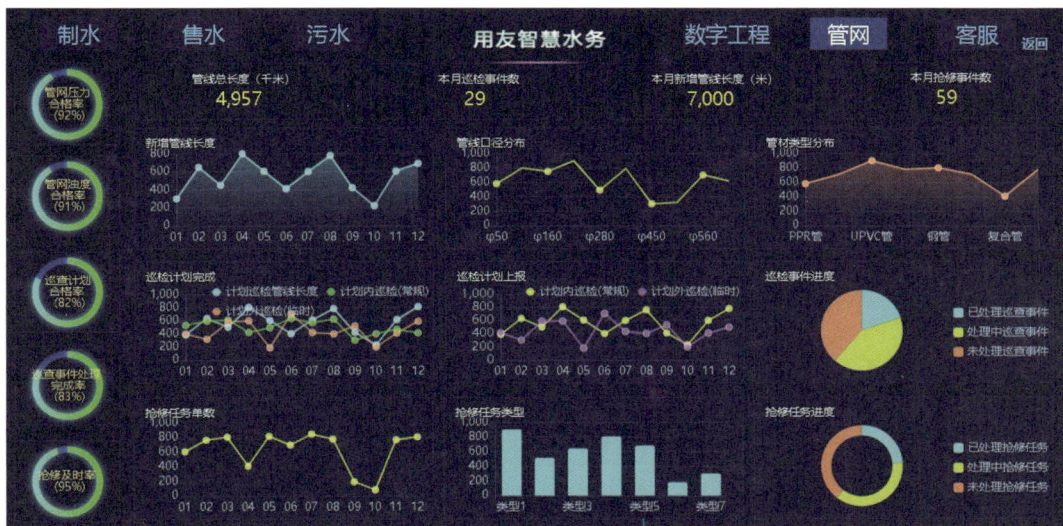

图 2-16　管网状况图

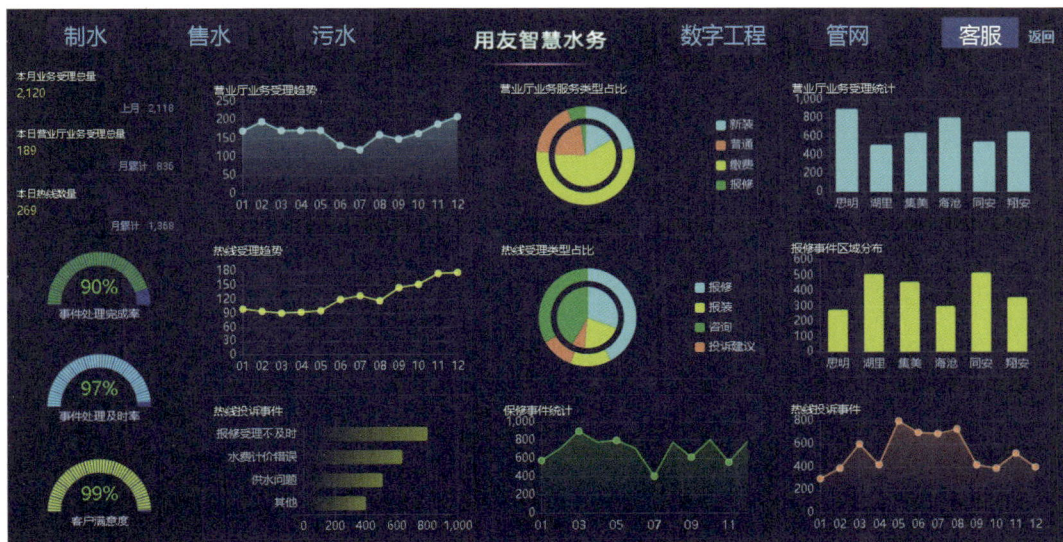

图 2-17　客服状况图

二、财务数据可视化图形

数据的可视界面元素都是由一些具体的图形来承载，这些图形运用得合理与否，会直接影响数据的可读性及可视化界面的整体风格，下面将介绍云产品中的可视化组件。

（一）折线图

折线图主要用来展示数据随着时间推移的变化趋势。折线图非常适用于展示一个连续时间周期的二维数据，如北京市一年内月平均气温（图2-18），某网站访问人数或商品销量、价格的波动。

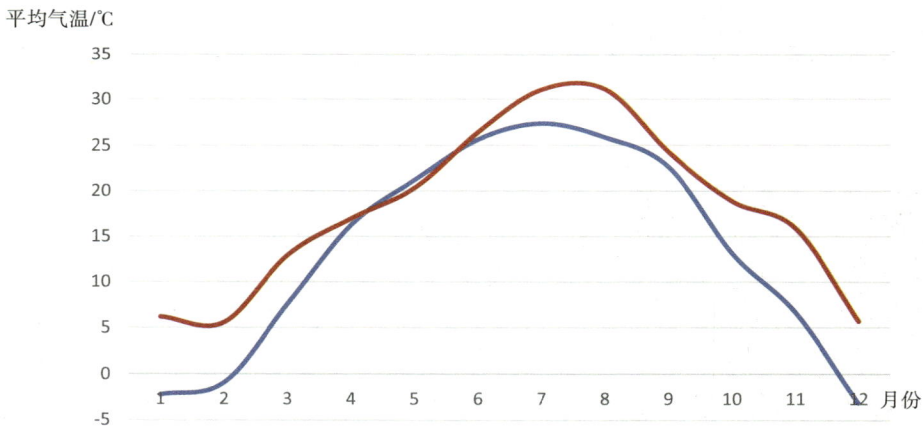

图2-18　折线图

（二）柱状图

柱状图通过水平或垂直方向柱子的高度来显示不同类别的数值，其中柱状图的一个轴显示正在比较的类别，而另一个轴代表对应的刻度值（图2-19）。

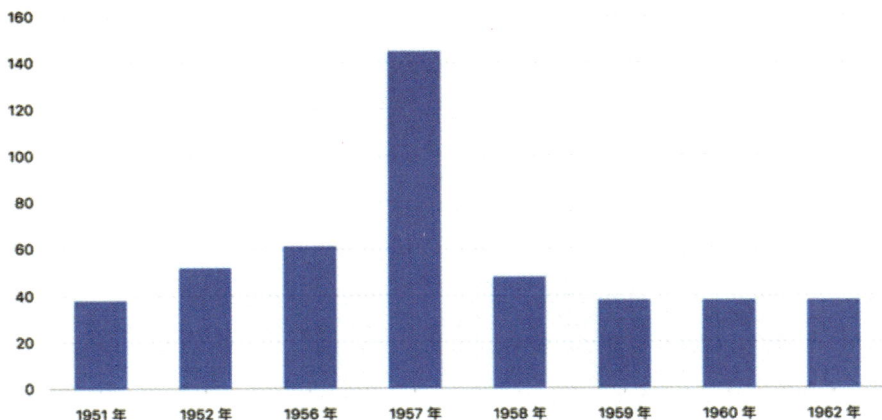

图 2-19　柱状图

（三）条形图

条形图是用宽度相同的条形的高度或长短来表示数据多少的图形（图 2-20）。条形图可以横置或纵置，纵置时也称为柱状图。

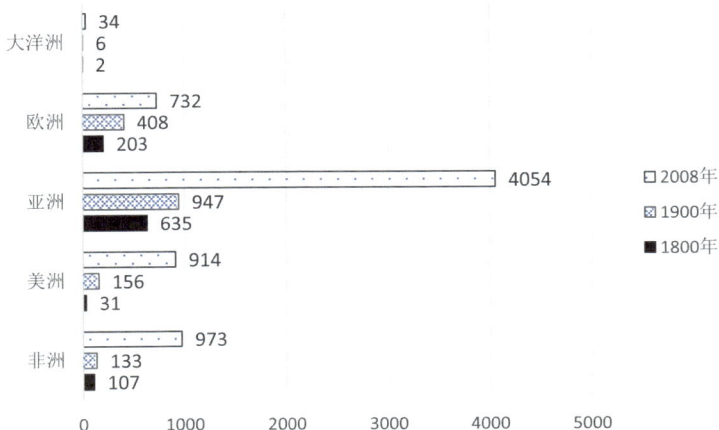

图 2-20　条形图

（四）图案填充条形图

图案填充条形图与条形图属一类图形，区别在于图案填充条形图的条形内容可由不同图案进行填充，在一些特定场景中，表现效果更为直观

（图案可变更）（图 2-21）。

图 2-21　图案填充条形图

（五）双轴图

双轴图是指有两个纵轴的数据图，多为柱状图和折线图的结合，显示更为直观。除了适合分析两个相差较大的数据，双轴图也适用于不同数据走势分析、数据同环比分析等场景（图 2-22）。

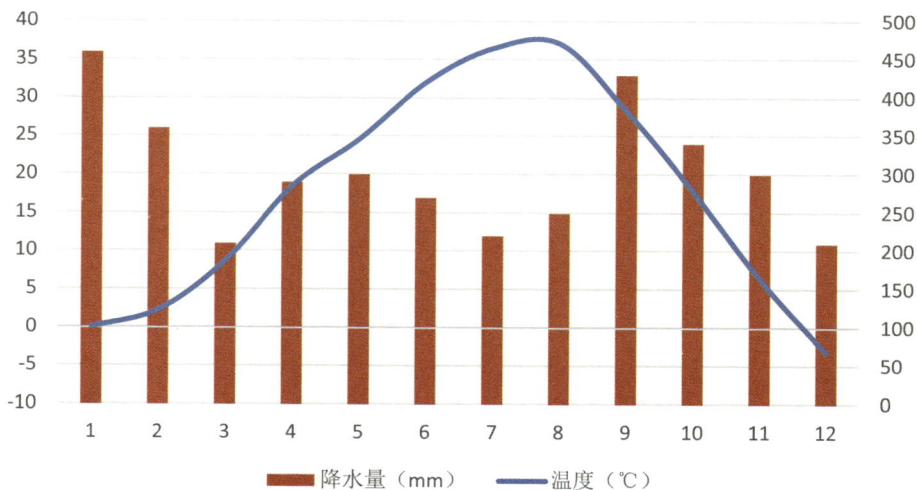

图 2-22　双轴图

（六）饼图

饼图主要用于展现不同类别数值相对于总数的占比情况。图中每个分块（扇区）的弧长表示该类别的占比大小，所有分块数据总和为 100%（图 2-23）。

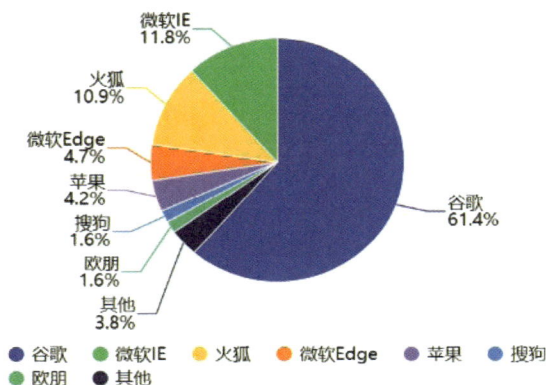

图 2-23　饼图

（七）环形图

环形图（圆环）在功能上与饼图相同，整个环被分成不同的部分，用各个圆弧来表示每个数据所占的比例。但其中心的空白区域可用于显示其他相关数据，无异于为标准饼图提供了更丰富的数据信息输出（图 2-24）。

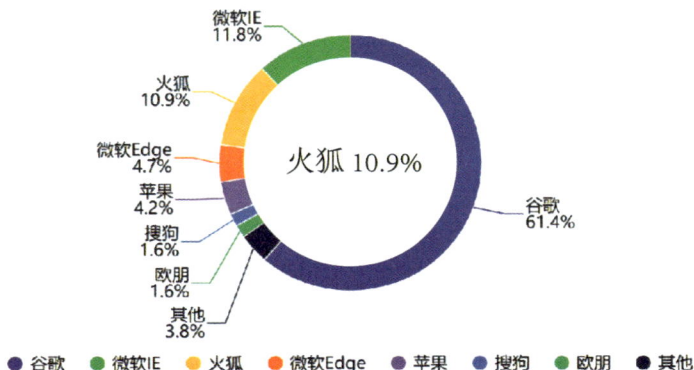

图 2-24　环形图

（八）面积图

面积图强调数值随时间而变化的程度，也可用于引起人们对总值趋势的注意。例如，表示随时间而变化的利润的数据可以绘制在面积图中以强调总利润（图2-25）。

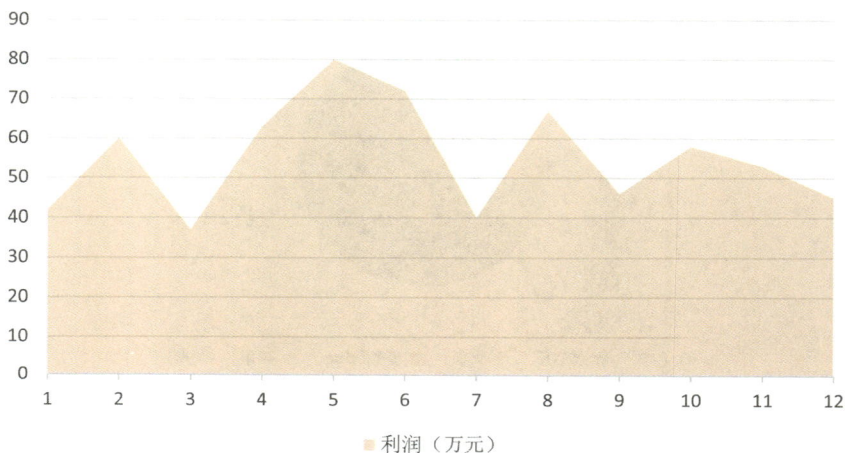

■ 利润（万元）

图2-25　面积图

（九）仪表盘

仪表盘可以清晰地展示出某个指标值所在的范围，可以直观地查看当前数据或指标是否超出预期（图2-26）。

图2-26　仪表盘

（十）雷达图

雷达图又叫蜘蛛网图，适用于显示三个或更多个维度的变量。雷达图是以在同一点开始的轴上显示三个或更多个变量的二维图表的形式来显示多元数据的方法，其中轴的相对位置和角度通常是无意义的。雷达图的每个变量都有一个从中心向外发射的轴线，所有轴线之间的夹角相等，同时每个轴有相同的刻度，将轴与轴之间的刻度用网格线连接起来作为辅助元素，连接每个变量在其各自轴线上的数据可形成一个多边形。在多个指标环境中，很容易看出指标的异常情况（图 2-27）。

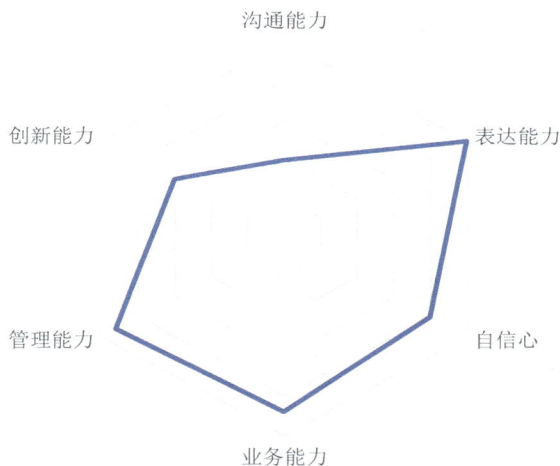

图 2-27　雷达图

（十一）词云图

词云图也叫文字云，是对文本中出现频率较高的"关键词"予以视觉化的展现。词云图过滤掉大量的低频低质的文本信息，使得浏览者只要一眼扫过文本就可领略文本的主旨（图 2-28）。

图 2-28 词云图

（十二）地图

地图适用于有空间位置的数据分析，包括世界地图、中国地图、各省市地图等，地图中的每一块可以根据数据值的大小显示不同的颜色（图2-29）。

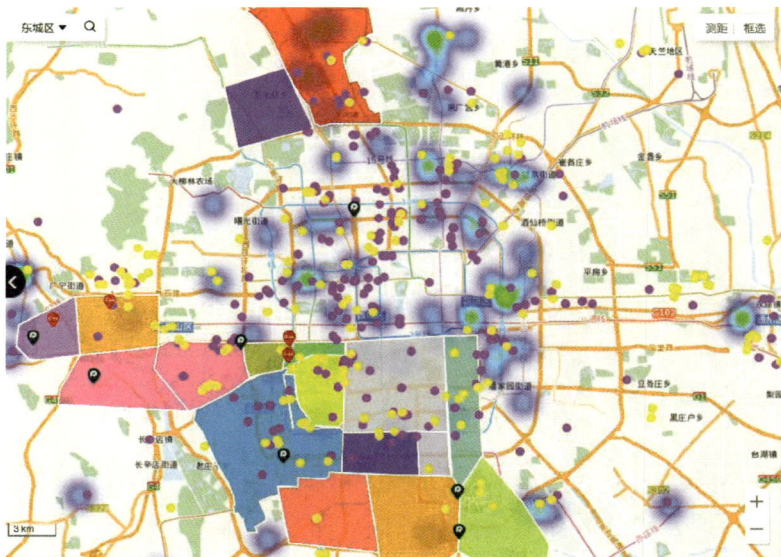

图 2-29 地图

（十三）迁徙图

迁徙图是基于地图的 LBS 收集用户的定位数据，再进行分析，并用线路图的形式从地图上显示出来，能够很清晰地统计出数据的流向情况（图2-30）。

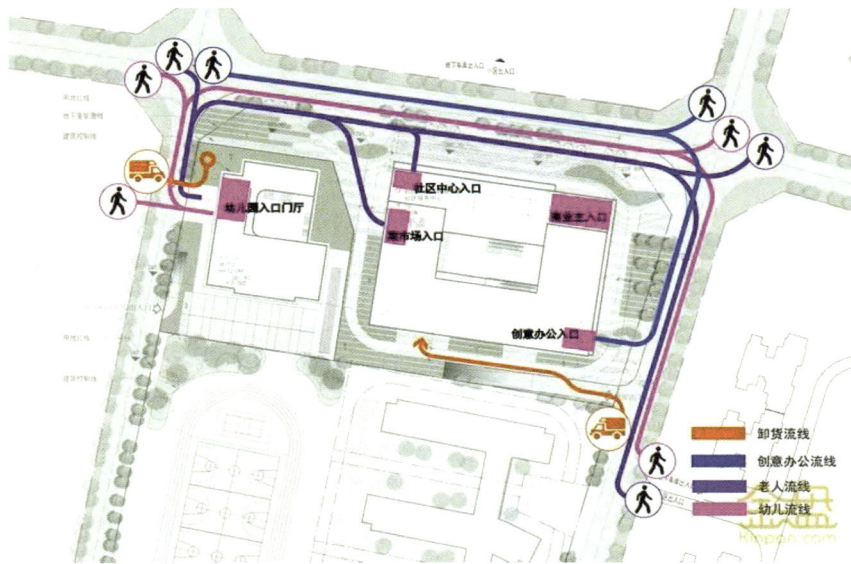

图 2-30　迁徙图

（十四）热力图

热力图是以特殊高亮的形式显示访客热衷的页面区域和访客所在的地理区域的图示。热力图可以显示不可点击区域发生的事情（图 2-31）。

图 2-31　热力图

（十五）指标卡

指标卡用于显示关心的某一个指标值（即度量值）及其变化的趋势（比如同比、环比）（图2-32）。

销售额

16,117,548.24

销售额(2016年12月_环比) ⌄ -12.15%

图 2-32　指标卡

（十六）表格

表格又称为表，既是一种可视化交流模式，又是一种组织整理数据的手段。表格可分为二维表、交叉表、汇总表等不同的类型（表2-1～表2-3），不同类型的报表都有自己适应的场景。在数据可视化发展的今天，报表依然是刚需展示。

表 2-1　二维表

学生	科目	成绩
张三	语文	90
张三	数学	64
张三	英语	55
李四	语文	89
李四	数学	54
李四	英语	84
王五	语文	89
王五	数学	73
王五	英语	62
赵六	语文	78
赵六	数学	57

续　表

学生	科目	成绩
赵六	英语	54

表 2-2　交叉表

	列 1	列 2	列 3	列 4	列 5	列 6
行 5	74	63	60	43	43	18
行 1	5	14	2	62	29	12
行 4	38	33	22	73	97	80
行 2	68	83	4	78	39	60
行 3	30	400	30	86	71	41

表 2-3　汇总表

单位:万元

区域信息		合同信息				
省份	城市	合同总额	合同新增总额	合同平均总额	合同最大额	合同最小额
安徽省	合肥市	8155949	270.19	270613.21	7867656	23167
	合同总额:8155949					
江苏省	南京市	6992004	426.02	352195.67	6587689	3458
	常州市	16687838	571.47	516879.75	5465786	2343
	苏州	1136713	303.82	199921.51	567689	56768
	合同总额:24816555					
全部区域合同总额:32972504						

（十七）迷你图

迷你图是放在工作表中的单个单元格内的小型图表。因为迷你图非常紧凑，所以能够以视觉效果突出的简洁方式，体现大型数据集的模式。迷你图可以使用一系列值显示趋势（如季节性增加或减少、经济周期）或突出显示最大值和最小值（图2-33），所以将迷你图放置在它所表示的数据旁边时，效果最好。

国家	收入	季度收入	消费	季度消费	结果	季度结果
阿拉巴马	254		296		-42	
阿拉斯加	246		181		65	
亚利桑那	101		191		-90	
阿肯色	303		76		227	
加利福尼亚	200		217		-17	
科罗拉多	118		273		-155	
康涅狄格州	201		148		53	
特拉华	161		298		-137	
哥伦比亚特区	106		185		-79	

图2-33　迷你图

（十八）矩阵树图

矩形树图也叫矩形式树状结构图，用于层次结构的数据可视化。从矩形树图的名称我们能看出它应该和树状图有些关系，树状图通过"树权"连接起具有层级关系的数据，展示上下级、同级的数据关系。矩形树图把树状结构转化为平面矩形的状态，虽然长得一点都不像"树"，但它能表示数据间的层级关系，还可以展示数据的权重关系（图2-34）。

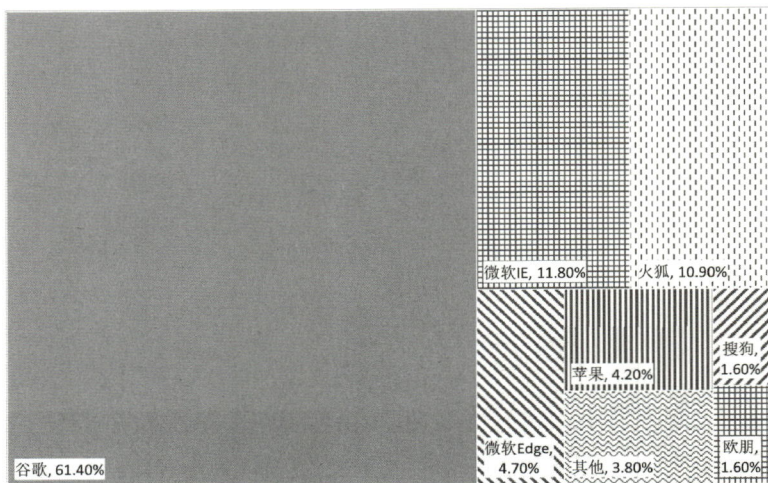

图2-34　矩形树图

（十九）堆积柱状图

堆积柱状图，一个作用是柱状图本身的作用，另一个作用是柱子整体的高度表示数值的不同，同时堆积是一种叠加，用来展示叠加之后局部与整体的成分关系（图2-35）。

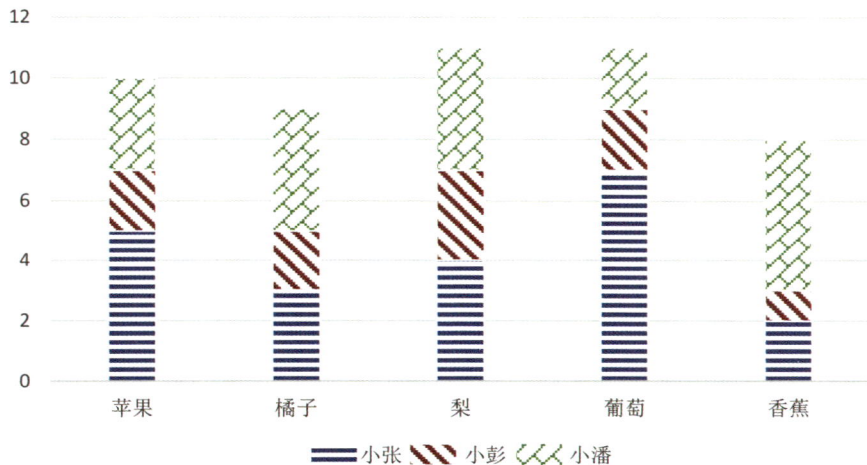

图2-35　堆积柱状图

（二十）柱状折线图

柱状折线图是柱状图与折线图的组合，柱状图是呈现一个指标的数值对比，折线图是按时间序列呈现一个指标的趋势。两个图形进行叠加后，会用更简单直接的方式显示指标的对比及趋势（图2-36）。

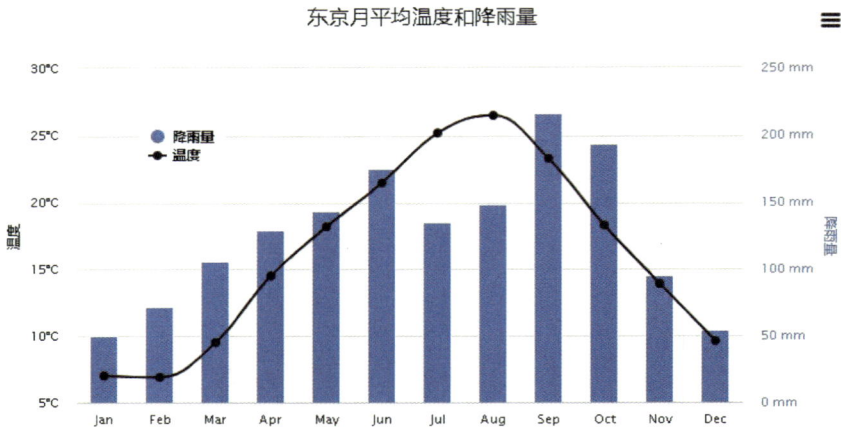

图 2-36　柱状折线图

（二十一）桑基图

桑基图即桑基能量分流图，也叫桑基能量平衡图。它是一种特定类型的流程图，图中延伸的分支的宽度对应数据流量的大小，通常应用于能源、材料成分、金融等数据的可视化分析（图2-37）。

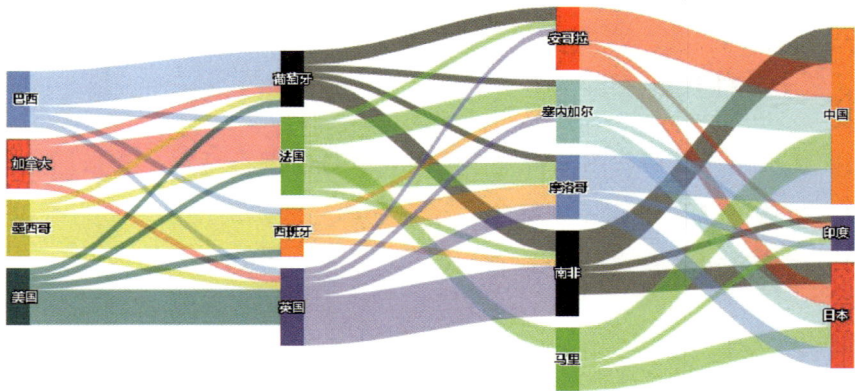

图 2-37　桑基图

（二十二）条形进度图

条形进度图是条形图的扩展，由2个指标构成，可以用来呈现指标实际进度与目标进度的对比（图2-38）。

图 2-38　条形进度图

（二十三）环形进度图

环形进度图是单个指标的一种呈现形式，直观地呈现单个指标的完成进度（数值范围为 0 ~ 1）（图 2-39）。

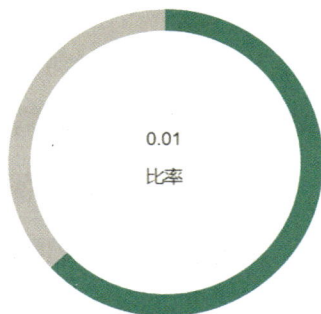

图 2-39　环形进度图

（二十四）水波图

水波图是单个指标的另一种呈现形式，可更直观与动态化地呈现单个指标的完成进度（数值范围为 0 ~ 1）（图 2-40）。

图 2-40　水波图

（二十五）漏斗图

漏斗图又叫倒三角图，将数据呈现为几个阶段，每个阶段的数据都是整体的一部分，从一个阶段到另一个阶段数据自上而下逐渐下降，所有阶段的占比总计为100%（图2-41）。与饼图一样，漏斗图呈现的也不是具体的数据，而是该数据相对于总数的占比。漏斗图不需要使用任何数据轴。

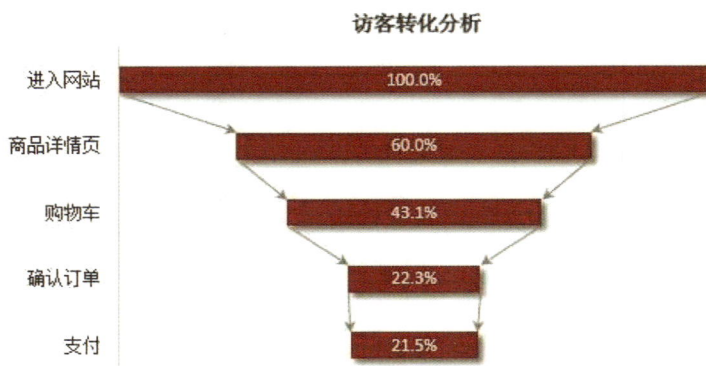

图 2-41　漏斗图

（二十六）气泡图

气泡图与XY散点图类似，不同之处在于，XY散点图对成组的两个数值进行比较，而气泡图对成组的三个数值进行比较，第三个数值确定气泡数据点的大小（图2-42）。

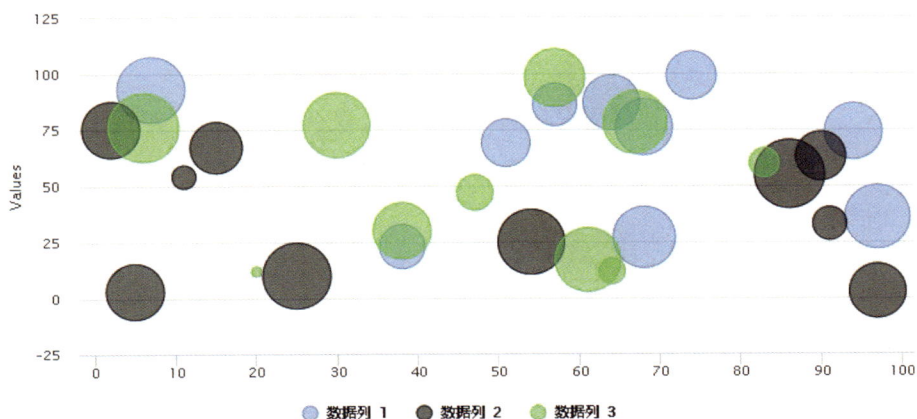

图 2-42　气泡图

(二十七) 南丁格尔玫瑰图

南丁格尔玫瑰图，又称鸡冠图，是将柱形图转化为更加美观的饼图的形式。该图区别于饼图，饼图以扇形角度大小及面积表示数据高低，它则是以扇形的半径表示数据的大小，辅助以颜色深浅，美观又清晰地展示数据的关系（图 2-43）。

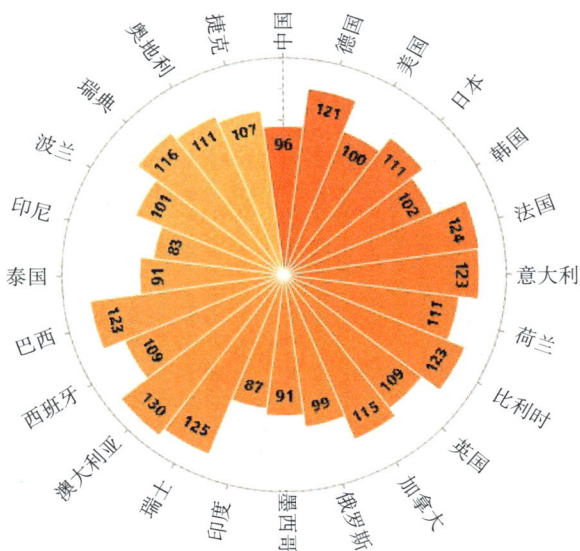

图 2-43　南丁格尔玫瑰图

（二十八）子弹图

子弹图的样子很像子弹射出后带出的轨道，所以称为子弹图（图2-44）。子弹图的发明是为了取代仪表盘上常见的那种里程表、时速表等基于圆形的信息表达方式。子弹图的特点如下：

（1）每一个单元的子弹图只能显示单一的数据信息源；

（2）通过添加合理的度量标尺可以显示更精确的阶段性数据信息；

（3）通过优化设计还能够用于表达多项同类数据的对比；

（4）可以表达一项数据与不同目标的校对结果。

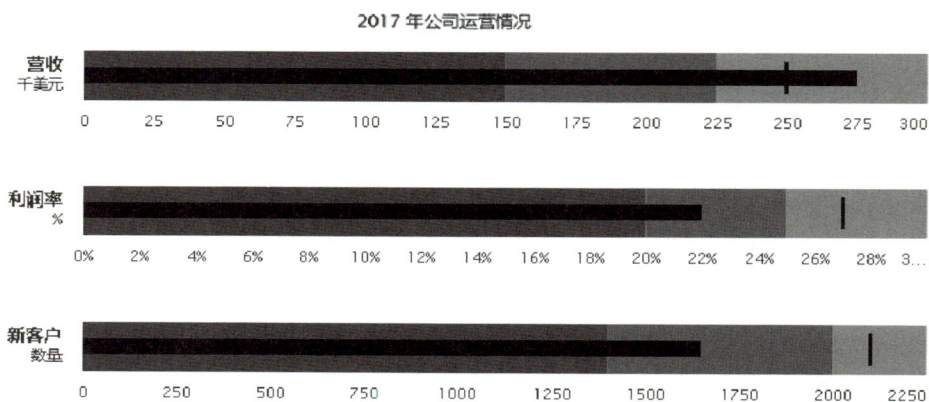

图 2-44 子弹图

（二十九）甘特图

甘特图（Gantt chart），又称横道图、条状图（Bar chart）。其通过条状图来显示项目、进度和其他与时间相关的系统进展的内在关系以及随着时间进展的情况（图2-45）。

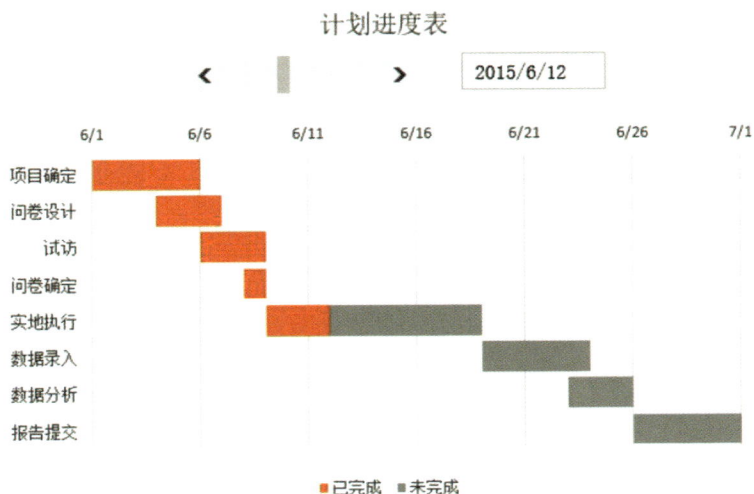

图 2-45　甘特图

（三十）直方图

直方图，又称质量分布图，用于表示数据的分布情况，是一种常见的统计图。一般用横轴表示数据区间，纵轴表示分布情况。柱子越高，则落在该区间的数量越大（图 2-46）。

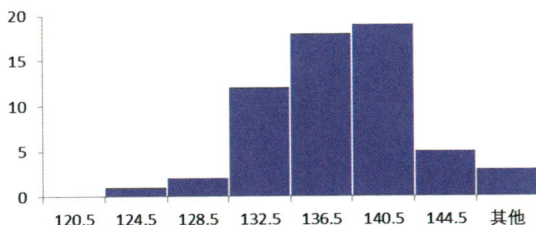

图 2-46　直方图

三、财务数据可视化的步骤和工具

（一）财务数据可视化的步骤

数据可视化的设计不仅仅是选取图形，还需要根据分析目标进行构思设计、选取关键指标等，通常有如下步骤：

1.明确问题

当着手一项可视化分析任务时，第一步是明确要解决的问题，也就是明确希望通过数据可视化实现怎样的目标。

2.建立初步框架

明确了问题后，可以根据需要选取基本的图形，并拟定可视化的形式，从而建立一个初步框架。

3.梳理关键指标

这一步是要明确传达的信息，确定最能提供信息的指标。这是最关键的一个步骤。在梳理关键指标时，要充分了解数据库及每个变量的含义，必要时要创建一些新指标。

4.选取合适的图表类型

不同的图形所适用的条件也不同。因此，在选择图形时，应针对目标选取最合适的。这样才有助于用户理解数据中隐含的信息和规律，从而充分发挥数据可视化的价值。

5.添加引导信息

在展示数据可视化结果时，可以利用颜色、大小、比例、形状、标签、辅助线等元素将用户的注意力引向关键的信息。例如，辅助线可以让用户快速地感知数据处于什么水平。

（二）财务数据可视化的工具

1.Tableau

Tableau是全球知名度很高的数据可视化工具，用户可以轻松用Tableau将数据转化成想要的形式。可视化效果可能不华丽但很出色，而且给用户提供了非常自由的图表制作能力。如果用户会写代码且时间充裕，基本可以做出想得到的图表。总体来说，Tableau具有丰富的数据源支持、灵活的可视化功能和强大的数据图表制作能力。

2.Power BI

Power BI 是微软开发的商业分析工具，可以很好地集成微软的 Office 办公软件。用户可以自由导入任何数据，如文件、文件夹和数据库，并且可以使用 Power BI 软件、网页、手机应用来查看数据。目前，Power BI 主推个人分析，适合短平快的分析需求。然而，在企业级部署和应用方面，缺少完善的解决方案，其安全性、性能、服务方面的竞争力也相对较弱。

3.用友分析云

用友分析云是一款基于大数据、云计算等技术的数据分析工具，致力于为企业提供专业的数据分析服务。目前，该平台支持 36 种可视化图形，能够根据用户数据自动识别并推荐合适的分析图形。用户可以根据业务问题把可视化图形进行串联并自定义成故事板，便于在公司内部分享分析结果。此外，该平台可以对不同的用户设置不同的预警值，并通过邮件、微信、短信等媒介进行消息推送。

【实训任务】企业可视化看板设计

案例背景：

2019 年 10 月 8 日，AJHXJL 矿业科技有限公司的管理层计划召开公司月度经营分析会议，财务总监将在会上做经营分析报告。现要求财务分析师设计一个决策看板，以便财务总监进行汇报。

决策看板包括 6 个可视化图表，分别反映公司的资产状况、客户金额 TOP5、客户销售区域分布、公司营业收入、公司净利润及公司收入结构。

（1）公司的资产状况：展示最近 3 年的总资产变动趋势和资产负债率的变动趋势。

（2）客户销售金额 TOP5：展示公司销售额最大的五名客户的销售金额。

（3）客户销售区域分布：展示公司有销售额发生的地区。

（4）公司营业收入：展示 2015—2019 年连续 5 年的收入变动趋势，增加预警线（预警线为 1800000000 元）、辅助线（辅助线为收入平均值）。

（5）公司净利润：展示 2015—2019 年连续 5 年的净利润变动趋势。

（6）公司收入结构：展示公司主营业务收入、其他业务收入、投资收益、营业外收入的比例。

任务目标：

制作出如图2-47所示的可视化看板，图形颜色可以自行选择，只要做到明确直观即可。

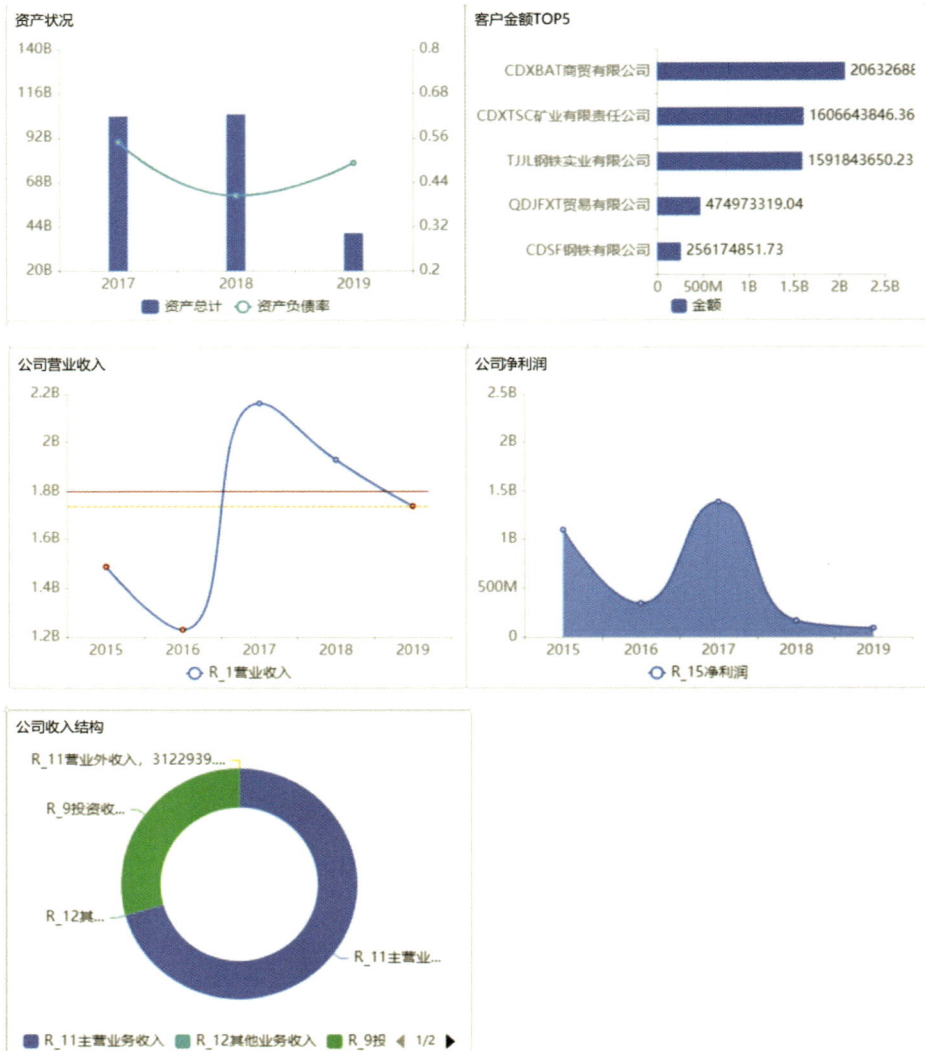

图 2-47　可视化看板参考样式

第3章 Python基础应用

【本章目标】

◉ 掌握Python基础代码

◉ 理解Python网络爬虫技术的原理

◉ 能够运用Pyhon采集上市公司财报数据

【学习重点、难点】

重点：

◉ Pyhon基础代码

◉ 爬虫技术的原理与使用方法

难点：

◉ 运用Python进行数据采集

一、财务数据采集

数据采集是每个数据分析项目的第一个步骤。在数据分析的道路上，数据采集是重中之重。数据采集的质量直接决定了后续的分析是否准确。

（一）财务大数据采集的数据源

从财务大数据的来源看，我们可以把财务大数据分为来自组织机构内的内部数据和来自组织机构外的外部数据。

1.内部数据

内部数据是指企业自身日常经营管理中收集、整理的数据，主要有生产数据、库存数据、订单数据、电子商务数据、销售数据、客户关系管理数据等。随着企业自动化设备的大量启用，机器和传感器会产生越来越多的数据。内部数据具有较好的可控性，数据质量一般也有保证，但数据覆盖范围可能有限，需要借助其他资源渠道。

在内部数据中，财务数据是最主要的数据之一。财务数据是各类信息的综合集成，涉及人、财、物等方方面面。财务人员作为数据的处理、计量、分析和报告者，在大数据分析中发挥着不可替代的作用。企业内部财务数据是由资产负债表、利润表、现金流量表及所有者权益变动表共同构成的数据集合，是对企业经营状况、财务成果及资金运作的综合概括和高度反映，与财务人员后续的工作核算管理、成本费用管理、财务报表分析管理息息相关。

2.外部数据

外部数据是指来源于企业外部的数据，如互联网数据、供应商供应的付费数据、网络爬虫采集的数据等。对于互联网公开信息来说，互联网是数据的海洋，是获取各种数据的主要途径。例如国家统计数据，各地方政府公开数据，上市公司的年报、季报，研究机构的调研报告及各种信息平台提供的零散数据等。随着数据需求的增加，市场上出现了一些产品化的数据交易平台，提供多领域的付费数据资源，用户可以按需购买使用。分析者也可自行通过网络采集软件，如爬虫软件，按照设定好的规则自动抓取互联网上的信息。这种信息收集方式成效显著。

典型的公开网络数据包括如下几种：

（1）中华人民共和国国家统计局提供的所有数据都是免费的。在网站主页的最下面有个网站链接，里面有很多的地方数据以及各国的统计数据，如图 3-1 所示。

图 3-1　国家统计局网站截图

（2）中国产业信息网的数据主要包括以下领域：能源、电力、冶金、化工、机电、电子、汽车、安防、环保、医药、IT、通信、数码、传媒、办公、文教、金融、培训、服装、玩具、工艺品等，如图 3-2 所示。

图 3-2　中国产业信息网站截图

此外，国务院发展研究中心、中国证券监督管理委员会、上海证券交易所、深圳证券交易所等网站也提供许多经济类数据。

（3）网站分析类数据，包括百度指数、Google趋势、360指数、腾讯云分析等。

（4）电商数据，包括阿里价格指数、淘宝魔方、京东智圈、淘宝排行榜等。

（5）国家社会数据，包括中国综合社会调查中国人口普查数据、中国国家数据中心中国家庭收入调查数据、中国健康与营养调查数据、中国金融信息网数据等。

（6）数据分析机构提供的数据，包括艾瑞、埃森哲、德勤、国际数据等机构。

（二）财务数据采集的工具

对于财务数据采集，常见的工具有下面几种：

1.火车采集器

这是一款专业的互联网数据抓取、处理、分析、挖掘软件，可以灵活迅速地抓取网页上散乱分布的数据信息，并通过一系列的分析处理，准确挖掘出所需数据。

2.集搜客

集搜客是一款简单易用的网页信息抓取软件，能够抓取网页中的文字、图表、超链接等多种元素。它提供了实用的网页抓取功能、数据挖掘攻略、行业资讯和前沿科技信息等。在使用集搜客采集时，很多动态内容并不在HTML文档中出现，而是通过动态加载方式呈现，这并不影响数据采集。而且它不需要使用网络嗅探器从底层分析网络通信消息，其抓取规则的定义如同抓取静态网页一样可视化。同时，它还提供开发者接口，能够模拟复杂的鼠标和键盘操作，实现一边操作一边抓取的功能。

3.八爪鱼

八爪鱼是一款通用的网页数据采集工具，它突破了网页数据采集的传统思维方法，即使没有编程基础的用户也能轻松采集数据，使得在网站上抓取资料变得更加简单容易。它可以采集互联网99%的公开数据，通过快速从不同网站中提取规范化数据，帮助用户实现数据的自动化采集、编辑以及规范化，从而降低工作成本。

4.网络爬虫

网络爬虫，又称为网页蜘蛛或网络机器人，在FOAF社区中，更常被称为网页追逐者，是一种按照一定的规则自动地抓取万维网信息的程序或者脚本。使用网络爬虫需要自行编写代码以抓取数据，因此对Python编程有一定的要求。

二、Python 简介

（一）Python 的起源与应用

Python 诞生于 20 世纪 90 年代初，是一种跨平台的计算机程序设计语言，是一种解释型、面向对象、动态数据类型的高级程序设计语言，是最受欢迎的程序设计语言之一。

Python 提供了非常完善的基础代码库，覆盖了网络、文件、GUI、数据库、文本等大量内容，被形象地称作"内置电池（Batteries included）"。除此之外，Python 还有大量的第三方库。这些库是由他人开发的，可以直接使用。同样，如果用户开发的代码经过良好封装，也可以作为第三方库供其他人使用。

（二）Python 的优点

Python 的定位是优雅、明确、简单，所以 Python 程序通常简单易懂。学习 Python 不但入门容易，而且在深入学习后也能编写出那些复杂的程序。

（1）开发效率非常高。Python 有非常强大的第三方库，几乎可以实现任何计算机的功能。Python 官方库里都有相应的模块进行支持，直接下载调用后，在基础库的基础上再进行开发，可大大缩短开发周期，避免重复造轮子。

（2）高级语言。当用 Python 语言编写程序的时候，无需考虑诸如内存管理等底层细节。

（3）可移植性。由于它的开源本质，Python 已经被移植到许多平台上（经过改动使它能够在不同平台上运行）。只要小心避免使用依赖于系统的特性，那么用户的所有 Python 程序就几乎可以在市场上所有系统平台上运行，而无需进行修改。

（4）可扩展性。如果需要将一段关键代码运行得更快或者希望某些算法不公开，可以把部分程序用 C 或 C++ 编写，然后在 Python 程序中使用它们。

（5）可嵌入性。Python 可以嵌入到 C 或 C++ 程序中，从而为程序用户提供脚本功能。

三、Python 基础代码

（一）变量

变量（Variable）是计算机语言中能储存计算结果或能表示值的抽象概念。简单来说，变量可以看作用来表示值的盒子，不同的变量代表了存储在计算机内存中不同的信息（图 3-3）。Python 中常见的变量类型有 Number（数字）、String（字符串）、Tuple（元组）、List（列表）、Dictionary（字典）和 Set（集合）六种。

$$a = 1 \quad a = 2$$

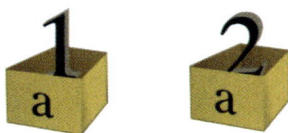

图 3-3　变量赋值示意图

在 Python 中，变量通过等号"="进行赋值。例如 message= "Hello Python"，等号的左边 message 是变量名，等号的右边是该变量所赋的值 Hello Python。请在 Python 里尝试以下赋值：

year = 2022

temperature = 33.5

url = "https://cloud.seentao.com/"

con= "人生苦短，我用 Python"

注意，Python 定义数字不需要引号，直接赋值即可，对字符串进行赋值时，需要加上英文双引号。

在 Python 中使用变量时，需要遵守一些规则和指南。违反这些规则将引发错误，而指南可以让你编写的代码更容易阅读和理解。请牢记以下有关变量的命名规则。

变量名只能包括数字（0~9）、字母（a~z，A~Z）和下划线（_）。变量名能以字母或下划线打头，但不能以数字打头。例如，可将变量命名为 message_1，但不能将其命名为 1_message。

变量名不能包含空格、@、?、%、$等特殊字符，如果需要分隔单词，可以使用下划线。例如，变量名 greeting_message 可行，但变量名 greeting message 会发生错误。

不能将 Python 关键字和函数名用作变量名，即避免使用 Python 为特殊用途保留的单词，如 print 等〔可以在 Python 中通过代码 help（'keywords'）查看关键字〕。

变量名应既简短又具有描述性。例如，name 比 n 好，student_name 比 s_n 好，name_length 比 length_of_persons_name 好。

慎用小写字母l和大写字母O，因为容易被人错看成数字1和0。

【思考】请判断下列变量名是否符合规范：

Module123	9bulid	UserName
User_Name	return	Not Found
average_age	（smile）	account$number

【实训任务一】变量赋值

将一个值赋值给变量，并将其打印出来。

数字赋值：

year=2020

temperature=36.5

print（year）

print（temperature）

字符串赋值：

country= "China"

url ="https://cloud.seentao.com/"

con ="人生苦短，我用 Python"

print（country）

print（url）

print（con）

重复赋值：

total = 10

total = 20

total = 30

print（total）

变量名区分大小写：

total = 10

Total = 20

TOTAL = 30

print （total）

print （Total）

print （TOTAL）

（二）数字

在编程中，经常使用数来记录得分、表示可视化数据、存储 Web 应用信息等。Python 数字类型用于存储数值，支持三种不同类型：整数型、浮点型、复数型。常用的是整数型和浮点型。

1. 整数型

整数型（Int），通常被称作整数或整型，包括正数、负数和 0，不带小数点。在 Python 中，可对整数执行加（+）、减（−）、乘（*）、除（/）运算（表 3-1），运算结果会直接在终端会话中返回。Python 支持运算次序，因此可以在同一个表达式里使用多种运算。还可以使用圆括号来修改运算次序，让 Python 按指定的次序执行运算。

表 3-1　整数型数据常用运算符

>>> 2+3	>>> 2*3	>>> 3**2	>>> 2+3*4
5	6	9	14
>>> 3−2	>>> 3/2	>>> 3**3	>>> (2+3)*4
1	1.5	27	10

2. 浮点型

浮点型（Float），在 Python 中所有带小数点的数称为浮点数，由整数部分和小数部分组成。将任意两个数相除时，结果总是浮点数。在其他任何运算中，如果有一个操作数是整数，另一个操作数是浮点数，结果也总是浮点数（表 3-2）。

表 3-2　浮点型数据常用运算符

>>> 0.1+0.1 0.2	>>> 4/2 2.0	>>>2*3.0 6.0
>>> 2*0.1 0.2	>>>1+2.0 3.0	>>>3.0**2 9.0

3.数字类型的转换

整数型数字和浮点型数字是可以相互转换的。Int 转 Float，可以用函数 float（），如 float（1024），其结果为 1024.0。有些时候，用户按需要保留小数位，可以使用函数 round（浮点数，保留位数）。如使用 round 函数，将圆周率保留三位小数，round（3.14159263），结果为 3.142。

【实训任务二】数字计算与转换

使用算术运算符，进行整型和浮点类型的计算，并使用 print（）函数打印出结果。

（1）对 12 和 5 进行加、减、乘、除、取余（%）、取商（//）运算。

（2）对 9.0 和 2.0 进行加、减、乘、除、取余、取商运算。

（3）计算 3 的 3 次方。

（4）计算 3、4、5、6 的平均数，并打印出结果。

（5）将 3.1415 转换为整型。

（6）将 23 转换为浮点型。

（7）将 3.1415 保留两位小数。

（8）将 9.642545 保留三位小数。

（三）字符串

字符串（String）是由 Unicode 码点组成的不可变序列，是 Python 中最常用的数据类型。可以简单理解为字符串是由零个或多个字符组成的有限序列。

1.字符串的定义方法

Python 中可以利用英文引号（'或"或""）来创建字符串，引号内为字符串内容，如果引号内不含任何字符内容，则成为空字符串。

其中，单引号、双引号作用相同，可避免字符串内出现相同的引号，比如：

sen = "Hey, you're gorgeous. "

sen2 = 'She said, "Oh, thank you!"'

三引号可以定义多行字符串，还可定义包含单引号、双引号的字符串，比如：

con = """比较分析法，是通过对比两期或连续数期财务报告中的相同指标，确定其增减变动的方向、数额和幅度，来说明企业财务状况或经营成果变动趋势的一种方法。"""

con2 = """I'm very happy, "he says. """

如果想要显示字符串，可以使用 print（）函数，直接打印出字符串的内容，比如：print（"人生苦短，我用 Python!"），结果显示：人生苦短，我用 Python! 更常用的方法是，先将字符串赋值给一个变量，然后打印该变量，比如：name = "Tom"; con = "Hello,World!"; print（name, con），结果会显示：Tom Hello, World!

2.字符串的格式化

字符串格式化简单来说就是定制输出模板，模板中预留了需要转换参数的位置和格式，通过传入的参数实现转换，其余内容保持原样。预留的位置称为占位符。常见的字符串格式化方法如图 3-4 所示。

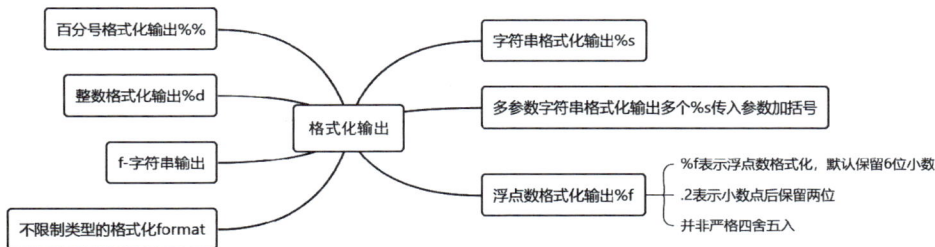

图 3-4　常用字符串格式化方法

【例1】单参数字符串格式化输出

num = "Friday"

print（"Today is %s" % num）

结果显示：Today is Friday

需要注意的是，最终输出的结果只有引号内的部分，%s表示对字符串的格式化。

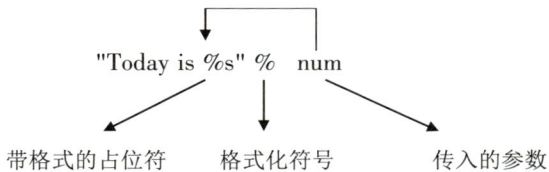

"Today is %s" %　num

带格式的占位符　　　格式化符号　　　传入的参数

【例2】多参数字符串格式化输出

temp, text = "21", "晴"

print（"实时天气为%s度,%s" %（temp, text）)

结果显示：实时天气为21度，晴

注意该例中有temp和text两个参数，多参数需要加括号。

【例3】浮点数格式化输出

weight = 62.5

print（"测试者的体重是%f公斤" % weight）

结果显示：测试者的体重是62.500000公斤

print（"测试者的体重是%.2f公斤" % weight）

结果显示：测试者的体重是62.50公斤

可以看到%f表示浮点数据格式化，默认保留6位小数，%.2f表示小数点后保留两位，注意不是严格的四舍五入。

【例4】百分号格式化输出

current_rate = 0.30

print（"建行的活期利率为 %.2f%%" % current_rate）

结果显示：建行的活期利率为0.30%

rate = 0.1231

print（"某金融产品的年化收益率为 %.2f%%" % （rate*100））

结果显示：某金融产品的年化收益率为12.31%

【例5】整数格式化输出

num = 180

print（"目前，世界上流通的法定货币共有%d种"% num）

结果显示：目前，世界上流通的法定货币共有180种

需要注意，%d表示整数的格式化输出。

【例6】f-字符串输出

country, population = "中国", 14

print（f "{country}的总人口为{population}亿人（2019年）"）

结果显示：中国的总人口为14亿人（2019年）

需要注意，f "{表达式}"中的表达式可以表示任意类型的数据、计算公式、调整函数等。输出的结果不改变数据的位数、表示形式，按原样输出，可使用f方式。

3.字符串的运算符和方法

Python 的字符串也有一些运算符，可以对字符串进行判断、计数等操作，常见的操作符如表3-3所示。

表3-3　常见字符串运算符说明

操作符	说明	实例	输出结果
+	拼接字符串	"Hello" + "World"	Hello World
*	重复左侧字符串	"6"*3	666
%	格式化字符串	print("销售净利率为%s"% "10.3")	销售净利率为10.3
in（not in）	成员运算符,如果字符串中包含(不包含)指定字符,返回TRUE,否则返回FALSE	"e" in hello "e" not in hello	TRUE FALSE

4.字符串内置函数与实例

Python提供了很多适用于字符串的内置函数，无需定义便可直接使用。部分内置函数如表3-4所示。

表3-4　常见字符串内置函数

内置函数	描述
count()	统计指定内容在字符串中出现的次数
index()	寻找指定字符串内容在某字符串中出现的最低索引
join()	可将列表（序列）中的元素以指定的字符拼接并生成一个新的字符串
len()	返回字符串的长度
format()	格式化输入字符串
strip()	移除字符串头尾指定的字符

【例1】count统计字符串出现的次数

"reviver". count（"r"）

结果显示：2

【例2】index获取字符串第一次出现的索引

"reviver". index（"r"）

结果显示：0

【例3】join将列表合并为一个字符串

" ". join（["上"，"善"，"若"，"水"]）

结果显示：'上善若水'

【例4】len获取字符串的长度

len（"财务大数据"）

结果显示：5

【例5】format字符串格式化输出（按位置）

"{} and {}". format（"Tom", "Jerry"）

结果显示：'Tom and Jerry'

【例6】format字符串格式化输出（按索引）

"{0},{1} and {0}". format（"Tom", "Jerry"）

结果显示：'Tom, Jerry and Tom'

【例7】strip 去除字符串两端空白

"上善若水". strip（）

结果显示：'上善若水'

【例8】strip 去除字符串两端指定字符

"---上善若水-----". strip（-）

结果显示：'上善若水'

（四）Python 常用语句

1.输入、输出语句

Python 程序如何从外界获取输入，这里介绍一种方法：使用 input（）函数从键盘获取输入。该语句的语法格式为：

input（prompt=None）

prompt 是 input 函数的一个参数，作用是给用户传达提示信息。该参数默认为 None，即可以为空。不传该参数，则没有信息提示，用户直接从键盘输入数据即可。如需要提示，可以直接在 prompt 位置写入需要的数据类型，如数字、字符串等。该语句的功能是接收标准的输入数据（即从键盘输入），返回的类型为 string 类型（字符串），必要时可转换数据类型。

【例】Jupyter 中输入 y=input（"请输入一句话:"），运行该行代码可以看到输入框下方弹出提示，它就是我们在 input（）函数中输入的提示语。

In [*]: y=input（"请输入一句话:"）

　　请输入一句话：

我们在提示语后面的黑色输入框内，输入任意一句话，如：这本书太棒了！

In [*]: y=input（"请输入一句话:"）

　　请输入一句话：

　　这本书太棒了！

输入完成后，点击 Enter 键，运行该单元格，这句话就输入在屏幕上了。

In [1]: y=input（"请输入一句话:"）

　　　请输入一句话:这本书太棒了！

当我们想要调用 y 这个变量时，直接调用就可以了。

In [2]:y

Out[2]:'这本书太棒了！'

Python 程序输出形式很多，比如保存到文件、存入数据库、将数据发送到其他服务器等。这里说的输出语句是指将内容打印在屏幕上的方法，用于将各种类型的数据（字符串、数字、列表、字典、元组、集合）输出到屏幕上。该语句的语法格式为：

Print（value）

其中 value 是需要打印的内容。可以同时打印多个内容，写入多个 value，用英文逗号分隔。print（）是输出一个换行符号，即打印一行空白。

2.条件判断语句

Python 程序可以分三种结构，即顺序结构、选择（分支）结构和循环结构。选择结构也称分支结构，就是让程序"拐弯"，有选择性地执行代码。换句话说，它可以跳过不必要的代码，只执行有用的代码。条件判断语句可以实现选择结构，有四种表现形式。If else 语句为条件判断语句的主要表现形式（图 3-5）。

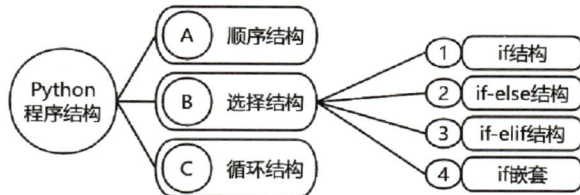

图 3-5　Python 程序结构图

（1）if 结构（图 3-6）。

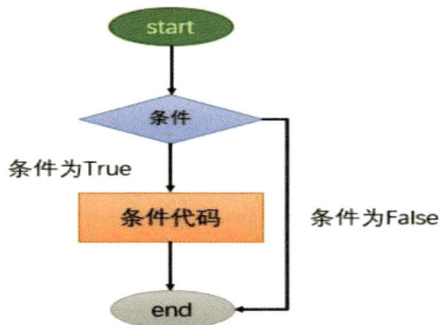

图 3-6　if 结构流程图

if 结构的语法格式为：

条件代码 1 #条件判断为真，执行条件代码 1

其他顺序代码 #if 条件执行完，执行其他代码

if 条件判断为真，执行条件代码部分。如果判断为假，顺序执行其他代码。这里可以应用在判断是否出现特定或特殊的情况，出现则执行条件代码部分，否则为正常情况，顺序执行代码。

【例】num = 35.9

if num > 35:

　　　　print（"num 为%s，num 大于 35" % num）

print（"判断结束，可继续执行后续代码"）

（2）if-else 结构（图 3-7）。

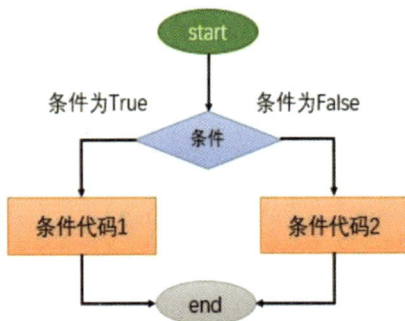

图 3-7　if-else 结构流程图

if-else结构的语法格式为：

条件代码1 #条件判断为真，执行条件代码1

else：

条件代码2 #条件判断为假，执行条件代码2

if-else结构适用于出现两种相反情况的，else后面不用再写出条件判断，即它执行的条件与条件判断内容相反。

【例】

score = int（input（"请输入成绩（0~100整数）"））if score >= 60:

print（"成绩为%s，及格" % score）

else：

print（"成绩为%s，不及格" % score）

（3）if-elif结构（图3-8）。

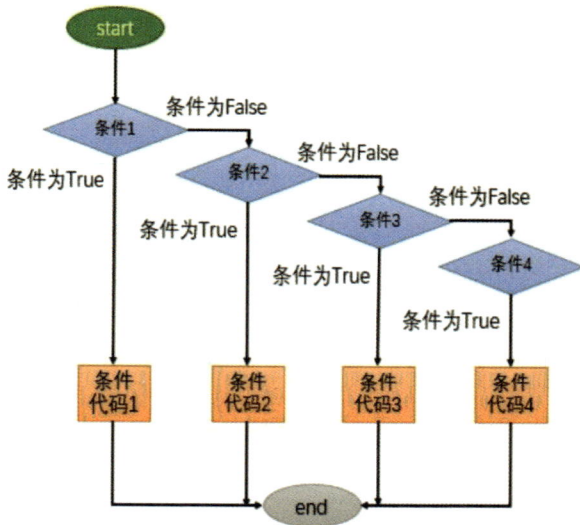

图3-8　if-elif结构流程图

if-elif结构的语法格式为：

if 条件判断1：

条件代码1 #条件判断为真，执行条件代码1

elif 条件判断2：

条件代码2 #条件判断为真，执行条件代码2

elif条件判断3：

条件代码3 #条件判断为真，执行条件代码3

或者

if条件判断1：

条件代码1 #条件判断为真，执行条件代码1

elif条件判断2：

条件代码2 #条件判断为真，执行条件代码2

elif条件判断3：

条件代码3 #条件判断为真，执行条件代码3

else：

条件代码4 #条件判断123为假，执行条件代码4

if-elif结构和if-elif-else结构是一致的，else补充判断条件都不满足或不容易写出条件判断的情况。

该结构适用于存在很多种情况的判断，if和其余每个elif后面都需要写条件判断语句。例如：适用于个税缴纳金额计算、打折促销结算、成绩评定等场景。

【例】

```
score = int（input（"请输入成绩（0~100整数）"））
if score < 60:
    print（"成绩为%s，不及格" % score）
elif score <70:
print（"成绩为%s，及格" % score）
elif score <80:
print（"成绩为%s，中等" % score）
elif score <90:
print（"成绩为%s，良好" % score）
elif score <=100:
```

print（"成绩为%s，优秀" % score）

（4）if嵌套。

if嵌套结构，适用于存在多层判断的情况。具体的结构可以理解为if结构、if-else结构、if-elif结构互相嵌套。

在实际应用场景中，我们需要判断的情况可能非常多，需要灵活使用。

需要特别注意的是缩进的问题，一般涉及语句都会有缩进。通常情况下，使用4个空格（Space键）来控制缩进。

如本节伪代码中的条件代码块，与它紧邻的条件判断语句相差4个空格的缩进。同一个判断条件下，缩进保持一致，保持4个空格。

嵌套结构在外层缩进的基础上，也要保持内层缩进。随意缩进和缩进不一致的情况，都会出现报错。

3.for循环语句

如果想让一段代码反复执行，那么可能需要用到循环语句即循环结构来简化代码。Python中常用两种循环语句。第一种是for循环语句（图3-9），第二种是while循环语句。

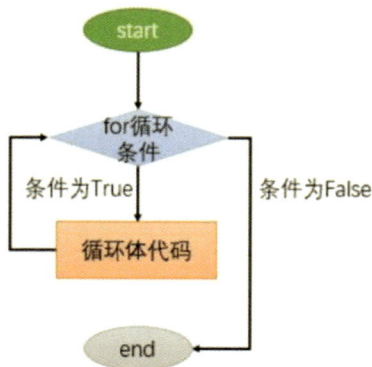

图3-9 for循环语句流程图

for循环语句的语法格式为：

for变量名in可迭代对象：

　　循环体代码

#可迭代对象可以是字符串、列表、字典、元组、集合

#不满足 for 循环条件，不再执行循环体代码，退出 for 循环。

for 循环执行过程，首先判断循环条件表达式的值，其值为真（True）时，则执行循环体代码。当执行完毕后，再回过头来重新判断条件表达式的值是否为真，若仍为真，则继续重新执行循环体代码……如此循环，直到条件表达式的值为假（False），才终止循环。

【例1】

in [1]:for i in range （1,5）:print （i）

　　1

　　2

　　3

　　4

例子中，for i in range （1,5）:是遍历 1,2,3,4 这四个数字，以此赋值给变量 i,（1,5）的意思类似数学中的左闭右开区间[1,5],1 到 5 的数字中，5 不能取到。range （）函数中，完整的三个参数是这样的，range （start,stop [,step]），其中 start：开始的值，数值为 0。如果不写这项，则默认 start=0,stop:结束的值，所以该项必须要写明，step:变化的步长，默认是 1。

【例2】

in [3]:course=["高等数学"， "线性代数"， "数理统计"]

　　for one in course:

　　　　print （one）

　　高等数学

　　线性代数

　　数理统计

例子中，for 循环遍历列表，无需使用 range 函数，只需将列表的变量名写在 in 后，即可实现对整个列表的遍历。

for 循环中列表中的每个元素依次赋值给 one，直到列表中的元素被遍历完，退出 for 循环。

【例3】循环语句打印九九乘法表

\#打印九九乘法表

For i in range（1,10）：

For j in range（1,i+1）：

　　Print（'{}x{}={}\t '.format（i,j,i*j），end= ' '）

```
1x1=1
2x1=2    2x2=4
3x1=3    3x2=6    3x3=9
4x1=4    4x2=8    4x3=12   4x4=16
5x1=5    5x2=10   5x3=15   5x4=20   5x5=25
6x1=6    6x2=12   6x3=18   6x4=24   6x5=30   6x6=36
7x1=7    7x2=14   7x3=21   7x4=28   7x5=35   7x6=42   7x7=49
8x1=8    8x2=16   8x3=24   8x4=32   8x5=40   8x6=48   8x7=56   8x8=64
9x1=9    9x2=18   9x3=27   9x4=36   9x5=45   9x6=54   9x7=63   9x8=72   9x9=81
```

i是第一个乘数（1~9），控制每行行数

j是第二个乘数（1~i），控制每行的列数，最大与i相同

Print函数中，\t表示tab，打印时分隔每个乘式

end= '' 表示每个乘式不换行（默认换行），直接连接

print（）表示每行打印完，进行换行

4.while循环语句

while循环语句，类似for循环和if条件判断语句的结合，while循环语句也需要判断（图3-10）。

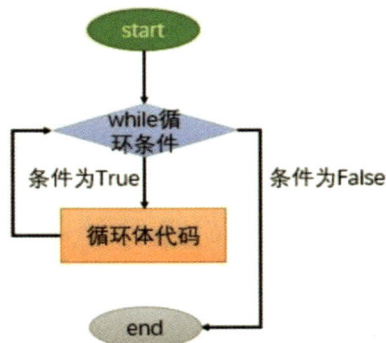

图3-10　while循环语句流程图

while循环语句的语法格式为：

While 条件判断：

条件代码 1 #条件判断为真，执行条件代码 1

while 循环执行过程，首先判断循环条件表达式的值，其值为真（True）时，则执行代码块中的语句。当执行完毕后，再回过头来重新判断条件表达式的值是否为真，若仍为真，则继续重新执行代码块……如此循环，直到条件表达式的值为假（False），才终止循环。

能否将 for 循环中的例子，修改为 while 循环呢？循环时条件判断表达式的变量和参数分别是什么？如何使用它们？下面我们来实现 for 循环转换为 while 循环。

【例 1】

```
number = 0
while number < 5：
    print（f "number 为：{number} "）
    number = number + 1
number 为：0
number 为：1
number 为：2
number 为：3
number 为：4
```

本例中，number 是 while 语句中条件判断的参数。首先需要定义它的初始值，然后在 while 语句中确定循环的次数，而循环次数与 number 的增加或减少有关。本例中，每次循环时 number 增加 1。当增加到 number=5 时，while 条件判断为假，此时退出 while 循环，不再执行 number=5 时的逻辑。number 从 0~4，循环执行了 5 次。

【例 2】使用 while 循环输出 10 以内偶数

```
num = 0
while num <= 10：
    if num % 2 == 0：
    print（f "num 为：{num} "）
```

```
    num = num + 1
```

number 为：0

number 为：2

number 为：4

number 为：6

number 为：8

number 为：10

【例3】倒计时的功能，每隔一秒变更显示内容

```
import time
count = 5
while count！=0：
    print（f "还需要等待{count}秒"）
    time .sleep（1） #程序等待1秒钟
    count = count － 1
print（" 等待结束！"）
```

还需要等待5秒

还需要等待4秒

还需要等待3秒

还需要等待2秒

还需要等待1秒

等待结束！

需要注意的是，import time 导入时间库时，如果需要使用等待或暂停的功能，则可以使用!=（表示不等于）。当count 不等于0时，while 判断条件为真。time.sleep（1）表示等待1秒钟，当while 循环的判断条件一直为真，循环就会陷入死循环。

四、网络爬虫

（一）什么是网络爬虫

网络爬虫是一种按照一定的规则自动地抓取万维网信息的程序或者脚本。另外一些不常使用的名字还有蚂蚁、自动索引、模拟程序或者蠕虫等。网络爬虫的基本工作流程如图 3-11 所示，从指定种子 URL 开始，通过 HTTP 协议请求，进行域名解析，获取服务器响应的 HTML 文档，解析内容并保存至数据库，同时管理已爬取和待爬取的 URL 队列，避免重复爬取，直到队列为空。

图 3-11　网络爬虫示意图

（二）相关网络术语

1.统一资源定位符（Uniform Resource Locator，URL）

统一资源定位符在万维网（WWW）中可指定文件资源所在地址，即网址。统一资源定位系统是因特网的万维网服务程序上用于指定信息位置的表示方法。它最初是由蒂姆·伯纳斯·李发明用来作为万维网的地址，现在已经被万维网联盟编制为互联网标准 RFC1738。

2.客户端（Client）

客户端（Client）或称为用户端，是指与服务器相对应，为客户提供本地服务的程序。除了一些只在本地运行的应用程序之外，一般安装在普通的客户机上，需要与服务端互相配合运行。因特网发展以后，较常用的用户端有万维网使用的网页浏览器、收寄电子邮件时的电子邮件客户端，以及即时通讯的客户端等。对于这一类应用程序，需要网络中有服务器和服务程序来提供相应的服务，如数据库服务、电子邮件服务等。在客户端和服务器端需要建立特定的通信连接，来保证应用程序的正常运行。其主要过程是根据目标URL编制请求报文并发送，获取文本或图像等资源。

3.Web 服务器

Web 服务器一般指网站服务器，是驻留于因特网上的一种计算机程序，可以向浏览器等 Web 客户端提供文档，存放网站文件以供全世界浏览，也可以存放数据文件供全世界下载。

Web 服务器也称为 WWW（World Wide Web）服务器，主要功能是提供网上信息浏览服务。Web 服务器是可以向发出请求的浏览器提供文档的程序。

（1）服务器是一种被动程序：只有在连接互联网的其他计算机中的浏览器发出请求时，服务器才会作出响应。

（2）最常用的 Web 服务器是 Apache 和 Microsoft 的 Internet 信息服务器（Internet Information Services，IIS）。

（3）Internet 上的服务器也称为 Web 服务器，是一台在 Internet 上具有独立 IP 地址的计算机，可以向 Internet 上的客户机提供 WWW、E-mail 和 FTP 等 Internet 服务。

（4）当 Web 浏览器（客户端）连接到服务器上并请求文件时，服务器将处理该请求并将文件反馈到该浏览器上，附带的信息会告诉浏览器如何查看该文件（即文件类型）。服务器使用 HTTP（超文本传输协议）与客户机浏览器进行信息交流，这就是人们常把它们称为 HTTP 服务器的原因。Web 服务器不仅能够存储信息，还能在用户通过 Web 浏览器提供的信息的基础上运行脚本和程序。

4.浏览网页的本质行为（图 3-12）

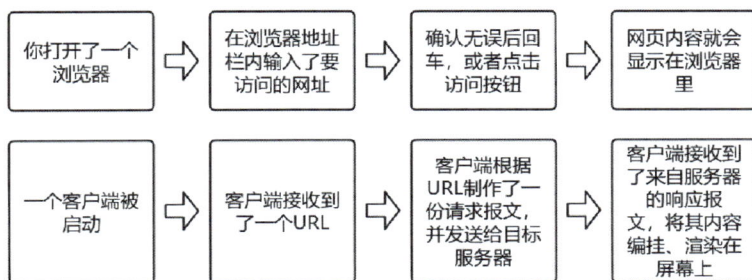

图 3-12　浏览网页的本质过程图

（三）XPath 介绍

1.XPath 是什么

XPath 是一门在 XML 文档中查找信息的语言。XPath 可用来在 XML 文档中对元素和属性进行遍历。XPath 即 XML 路径语言（XML Path Language），它是一种用来确定 XML 文档中某部分位置的语言。XPath 基于 XML 的树状结构，提供在数据结构树中找寻节点的能力。XPath 提出的初衷是为了作为一个通用的、介于 XPointer 与 XSL 间的语法模型。但是 XPath 很快被开发者采纳为一种小型查询语言。

2.XML 示例

可扩展标记语言是标准通用标记语言的子集，简称 XML，用于为电子文件添加标记。

在电子计算机中，标记是指计算机能够理解的信息符号。通过此种标记，计算机可以处理各种信息，比如文章等。它可以用来标记数据、定义数据类型，是一种允许用户对自己的标记语言进行定义的源语言。它非常适合万维网传输，提供了一种统一的方法来描述和交换独立于应用程序或供应商的结构化数据。XML 是 Internet 环境中跨平台的、依赖于内容的技术，也是当今处理分布式结构信息的有效工具。早在 1998 年，W3C 就发布了 XML1.0 规范，使用它来简化 Internet 的文档信息传输。

示例：

```
<?xml version="1.0" encoding="ISO-8859-1"?>

<book>

<title lang="en">Harry Potter</title>

<author>J K. Rowling</author>

<year>2005</year>

<price>29.99</price>

</book>
```

3.HTML示例

HTML称为超文本标记语言，是一种标识性的语言，包含一系列标签。这些标签，可以将网络上的文档格式统一，使分散的Internet资源连接为一个逻辑整体。HTML文本由HTML命令组成，这些命令可以描述文字、图形、动画、声音、表格和链接等内容。

超文本是一种组织信息的方式，通过超级链接将文本中的文字、图表与其他信息媒体关联起来。这些相互关联的信息媒体可能在同一文本中，也可能是其他文件，或是地理位置相距遥远的某台计算机上的文件。这种组织信息方式将分布在不同位置的信息资源用随机方式进行连接，为人们查找、检索信息提供方便。

示例：

```
<tr>

<td class="ccl"><div align="center">

<a target="_blank"

href=    "/corp/view/vCI_CorpManagerInfo.    php?    stockid=600900&Pcode=
30028965&Name=陈国庆">陈国庆</a></div></td>

<td class="ccl"><div align="center">总经理</div></td>

<td class="ccl"><div align="center">2018-07-05</div></td>

<td class="ccl"><div align="center">--</div></td>

</tr>
```

4.XPath 路径表达式

在 XPath 中，有七种类型的节点：元素、属性、文本、命名空间、处理指令、注释以及文档节点。节点的关系有父、子、同胞、先辈、后代。XPath 使用路径表达式来选取 XML 文档中的节点或者是节点集。节点是通过沿着路径或者步进行选取的。其表达式见表 3-5。

表 3-5　XPath 常见节点选取表达式

表达式	描述
nodename	选取此节点的所有子节点
/	选取根元素
//	从匹配选择的当前节点选择文档中的节点,而不考虑它们的位置
.	选取当前节点
..	选取当前节点的父节点
@	选取属性

【例 1】按照文件夹进行理解

school ——选取 school 元素的所有的子节点

/school ——选取根元素 school

school / student ——选取 school 的子元素的所有 student 属性

// student ——选取所有 student 子元素，不用理会它们在元素中的位置

school// student ——选取属于 school 元素的后代的所有 student 元素，而不用管它们位于 school 之下的什么位置

//@lang ——选取名为 lang 的所有属性

代码：

```
import os
print（os.getcwd（）） # 查看当前的工作路径
输出：D:\Python\Pythoncode
os.mkdir（"./temp1"） # 在当前路径下创建文件夹 temp1，路径表达式
```
"." 即为当前路径

os.chdir（"./temp1"）#将当前工作路径更改为"./temp1"

print（os.getcwd（））

输出：D:\Python\Pythoncode\temp1

os.mkdir（"./temp2"） # 在 当 前 工 作 路 径 （ "D:\Python\Python-code\temp1"）的上一层路径（"D:\Python\Pythoncode"）下创建文件夹 temp2，路径表达式 ".." 代表上一层路径

os.chdir（"../temp2"）

print（os.getcwd（））

输出：D:\Python\Pythoncode\temp2

os.mkdir（r"D:\Python\Pythoncode\temp0"） #用反斜线\前面就要加r

print（os.getcwd（））

输出：D:\Python\Pythoncode\temp2

os.chdir（r"D:\Python\Pythoncode"）

os.rmdir（"./temp0"）

os.rmdir（"./temp1"）

os.rmdir（"./temp2"） #删除之前创建的三个文件夹

【例2】XPath路径表达式（元素节点）

<book>

<title>Harry Potter</title>

<author>J.K. Rowling</author>

<year>2005</year>

<price>29.99</price>

</book>

book 元素为 title，author，year，price 元素的父（parent）

title，author，year，price 元素为 book 元素的子（child）

title，author，year，price 元素是同胞（sibling）

可视同为 book 文件夹下面有四个文件夹，分别为 title，author，year，price

代码：

```
from lxml import etree
text = '''
<book>
<title>Harry Potter</title>
<author>J K. Rowling</author>
<year>2005</year>
<price>29.99</price>
</book>
'''
tree = etree.fromstring（text）  #将字符串内容转换为Element对象
print（type（tree））
book = tree.xpath（"/book"）
print（type（book））　　# xpath返回的是列表
print（book）
```

输出：

```
<class 'lxml.etree._Element'>
<class 'list'>
[<Element book at 0x2c2ffd2f408>]
```

（1）使用 XPath 确定元素。

代码：

```
title = book[0].xpath（"./title"） #第一个book元素下的子元素title "."表
示book元素节
print（title[0].tag） #获取节点的tag 子元素节点名字是可以相同的
```

输出：title

```
year = title[0].xpath（"../year"） #父节点下的子元素
Yearprint（year[0].tag）
```

输出：year

price = tree.xpath（"//price"） # 从任意位置选取元素price，会遍历每一个标签，把符合要求的全都返回来

print（len（price））

print（price[0].tag）

输出：1

price

all_elements = tree.xpath（"//*"） # 获取所有元素

for el in all_elements:

print（el.tag） # tag查看标签名称

输出：book

title

author

year

price

（2）文本内容与文本节点。

print（title[0].text） #text查看文本内容

输出：Harry Potter

title_text = tree.xpath（"//title/text（）"） # 获取所有title元素的文本节点，返回的是列表

print（title_text）

输出：['Harry Potter']

all_text = tree.xpath（"//text（）"）# 获取所有文本节点

print（all_text）

输出：['\n', 'Harry Potter', '\n', 'J K. Rowling', '\n', '2005', '\n', '29.99', '\n']# 获取book元素所有子元素的文本节点

son_text = tree.xpath（"/book/*/text（）"） #"/book/*"表示返回book下的所有子元素节点"/text（）"元素节点下的文本节点

print（son_text）

输出：['Harry Potter', 'J K. Rowling', '2005', '29.99']

\# 获取所有节点，包括元素节点和文本节点

all_nodes = tree.xpath（"//node（）"） \#"//node（）"定位任意位置下的所有节点

print（all_nodes）

for node in all_nodes:

print（node）

输出：部分结果如下

```
[<Element book at 0x2295c9f2148>, '\n', <Element title at 0x2295caac748>, 'Harry Potter', '\n', <Element auth
or at 0x2295cacc248>, 'J K. Rowling', '\n', <Element year at 0x2295caacac8>, '2005', '\n', <Element price at
0x2295caacd48>, '29.99', '\n']
<Element book at 0x2295c9f2148>


<Element title at 0x2295caac748>
Harry Potter


<Element author at 0x2295cacc248>
J K. Rowling
```

from lxml import etree

text = '''

<table

id="comInfo1" width="100%" id="Table1">

<tbody>

<tr>

<td class="ct" width="25%"> 姓名 </td>

<td class="ct" width="25%"> 职务 </td>

<td class="ct" width="25%"> 起始日期 </td>

<td class="ct"> 终止日期 </td>

```
</tr>

</tbody>

</table>

'''

tree = etree.HTML（text）

text_list = tree.xpath（"//strong/text（）"）

print（text_list）
```

输出：['姓名','职务','起始日期','终止日期']

【例3】XPath 路径表达式（属性）

```
<bookstore>

<book category="Fantasy Novels">

<title lang="English">Harry Potter</title>

<author>J K. Rowling</author>

<year>2005</year>

<price>29.99</price>

</book>

<book category="武侠小说">

<title lang="中文">天龙八部</title>

<author>金庸</author>

<year>2005</year>

<price>40</price>

</book>

</bookstore>
```

bookstore 元素为 book，title，author，year，price 元素的先辈（Ancestor）

book，title，author，year，price 元素为 bookstore 元素的后代（Descendant）

（3）获取属性。

代码：

```
from lxml import etree
text = '''
<bookstore>
<book category="Fantasy Novels">
<title lang="English">Harry Potter</title>
<author>J K. Rowling</author>
<year>2005</year>
<price>29.99</price>
</book>
<book category="武侠小说">
<title lang="中文">天龙八部</title>
<author>金庸</author>
<year>2005</year>
<price>40</price>
</book>
</bookstore>
'''
tree = etree.fromstring（text）  # 将字符串内容转换为 element 对象
book = tree.xpath（"//book"）
print（book）
category = book[1].xpath（"./@category"）  # 获取第二个 book 元素的 category 属性
print（category）  #xpath 返回的永远是列表
```

输出：[<Element book at 0x2295e7fd248>, <Element book at 0x2295e7fd748>]

['武侠小说']

category_list = tree.xpath（"//book/@category"）# 获取所有 book 元素的 category 属性列表

print（category_list）

输出：['Fantasy Novels', '武侠小说']

category2 = tree.xpath（"//book[2]/@category"）# 直接获取第二个 book 元素的 category 属性

print（category2）

输出：['武侠小说']

u   # 根据属性值确定元素

lang = tree.xpath（"//book[@category='武侠小说']/title/@lang"）# 获取 category 属性为"武侠小说"的 book 元素下，title 子元素的 lang 属性

print（lang）

lang = tree.xpath（"//book[@category]/title/@lang"）# 获取所有 category 属性的 book 元素下，title 子元素的 lang 属性

print（lang）

输出：['中文']

['English', '中文']

获取所有具有属性的元素

attri_el = tree.xpath（"//*[@*]"）

for el in attri_el:

print（el.tag）

输出：book

title

book

title

获取所有属性值

all_attributes = tree.xpath（"//@*"）

print（all_attributes）

输出：['Fantasy Novels', 'English', '武侠小说', '中文']

5.XPath 运算符（表3-6）

表3-6　XPath常见节点选取表达式

运算符	含义	实例	返回结果
+	数学运算加法	1+1	2
–	数学运算减法	1–1	0
*	数学运算乘法	2*2	4
div	数学运算除法	2div2	1
mod	除法余数	3mod2	1
|	条件或	//author | //year	所有author和year元素的节点
=	逻辑等	Price=1	True 或 False
!=	不等于	Price!=1	True 或 False
<	小于	Price<1	True 或 False
<=	小于等于	Price<=1	True 或 False
>	大于	Price>1	True 或 False
>=	大于等于	Price>=1	True 或 False
or	或	Price=1 or Price=2	True 或 False
and	且	Price>1 and Price<2	True 或 False

代码：

```
from lxml import etree
text = '''
<bookstore>
<book category="Fantasy Novels">
<title lang="English">Harry Potter</title>
<author>J K. Rowling</author>
<year>2005</year>
<price>29.99</price>
```

```
</book>
<book category="武侠小说">
<title lang="中文">天龙八部</title>
<author>金庸</author>
<year>2005</year>
<price>40</price>
</book>
</bookstore>
'''
tree = etree.fromstring（text）  # 将字符串内容转换为 Element 对象
# 获取 author 和 year 元素的文本内容
author_year = tree.xpath（"//author | //year"）
for ay in author_year:
print（ay.text）
```

输出：J K. Rowling

2005

金庸

2005

```
# 获取子元素 price 大于 30 的 book 元素的子元素 title 的文本内容
title_list1 = tree.xpath（"//book[price > 30]/title"）
for t in title_list1:
print（t.text）
```

输出：天龙八部

```
# 获取第二个 book 元素的 category 属性值
book2 = tree.xpath（"//book[position（） = 1]/@category"）  #表示找第一
```
个 print（book2）
```
book2 = tree.xpath（"//book[position（） mod 2= 1]/@category"）  #表示找
```
第奇数个节点的内容

print（book2）

输出：['Fantasy Novels']

['Fantasy Novels']

\# 获取子元素 price 大于 30 且小于 40 的 book 元素的子元素 title 的文本内容

title_list2 = tree.xpath（"//book[price > 30 and price < 40]/title"）

for t in title_list2: \#xpath 返回的列表，想要直接输出列表中的内容，要用循环遍历 print 出来

print（t.text）

输出：（无）

6. 使用 XPath 抓取网页信息

要求：

使用 google chrome 浏览器（最新版）以及 XPath Helper 插件。

XPath Helper 插件安装

方法一：Chrome 网上应用店（图 3–13）。

图 3-13　XPath 插件安装方法

方法二：将 crx 文件扩展名改为 rar→解压缩→chrome 浏览器扩展程序界面点击加载已解压的扩展程序→选择解压后的文件夹，点击确定即可。

【实训任务一】从新浪财经网站①抓取一家公司的高管任职信息

任务目标：抓取网页源代码，通过 XPath 提取每条任职信息中高管的姓名、职务、起始日期、终止日期（图 3-14）。

图 3-14　网页中抓取的高管信息截图

任务提示：

（1）获取路径表达式（以"姓名"为例）。

首先，导入两个库：

import requests

from lxml import etree

#用到的两个包

#用 requests.get 直接访问网址会返回状态码

在使用 requests.get 时，需要提交 URL 和 headers 两个参数，参数获取的过程如下：

第一步，获取 URL 地址。打开网页，在网页内空白处右击【网页源代码】，在弹出的页面中搜索我们想要获取的高管的姓名、职务、起始日期、

---

① http://vip.stock.finance.sina.com.cn/corp/go.php/vCI_CorpManager/stockid/600900.phtml.

终止日期等信息。以“陈国庆”为例，Ctrl+F，搜索“陈国庆”，结果如图 3-15 所示。

```
tr>
    <td class="ccl"><div align="center">
    <a target="_blank" href="/corp/view/vCI_CorpManagerInfo.php?stockid=600900&Pcode=30030769&Name=马振波">马振波</a></div></td>
    <td class="ccl"><div align="center">董事</div></td>
    <td class="ccl"><div align="center">2018-12-28</div></td>
    <td class="ccl"><div align="center">2022-03-08</div></td>
/tr>

tr>
    <td class="ccl"><div align="center">
    <a target="_blank" href="/corp/view/vCI_CorpManagerInfo.php?stockid=600900&Pcode=30028965&Name=陈国庆">陈国庆</a></div></td>
    <td class="ccl"><div align="center">董事</div></td>
    <td class="ccl"><div align="center">2018-12-28</div></td>
    <td class="ccl"><div align="center">2020-10-26</div></td>
/tr>

tr>
    <td class="ccl"><div align="center">
    <a target="_blank" href="/corp/view/vCI_CorpManagerInfo.php?stockid=600900&Pcode=30213992&Name=何红心">何红心</a></div></td>
    <td class="ccl"><div align="center">董事</div></td>
    <td class="ccl"><div align="center">2018-12-28</div></td>
    <td class="ccl"><div align="center">2022-03-08</div></td>
/tr>

tr>
    <td class="ccl"><div align="center">
    <a target="_blank" href="/corp/view/vCI_CorpManagerInfo.php?stockid=600900&Pcode=30410297&Name=洪文浩">洪文浩</a></div></td>
    <td class="ccl"><div align="center">董事</div></td>
    <td class="ccl"><div align="center">2018-12-28</div></td>
    <td class="ccl"><div align="center">2021-02-01</div></td>
/tr>

tr>
    <td class="ccl"><div align="center">
    <a target="_blank" href="/corp/view/vCI_CorpManagerInfo.php?stockid=600900&Pcode=30198070&Name=宗仁怀">宗仁怀</a></div></td>
    <td class="ccl"><div align="center">董事</div></td>
    <td class="ccl"><div align="center">2018-12-28</div></td>
    <td class="ccl"><div align="center">2022-03-08</div></td>
/tr>

tr>
    <td class="ccl"><div align="center">
    <a target="_blank" href="/corp/view/vCI_CorpManagerInfo.php?stockid=600900&Pcode=30193732&Name=黄宁">黄宁</a></div></td>
    <td class="ccl"><div align="center">董事</div></td>
    <td class="ccl"><div align="center">2018-12-28</div></td>
    <td class="ccl"><div align="center">2020-04-22</div></td>
/tr>
```

图 3-15　高管信息网页源代码截图

在搜索结果里可以看出，其他信息（例如职务、起始日期、终止日期等）也能够看到。说明我们所要爬取的数据能够直接在网页源代码中获取，此时 URL 地址即为网页打开所用地址。此外，也可以通过另一种方式获取：打开 chrome 浏览器，在网页内空白处右击【检查】，点击【network】，再点击网页【刷新】按钮，在【name】里寻找第一个文件，右边窗口中【Headers】里即会出现爬取数据所需的 URL 地址（图 3-16）。

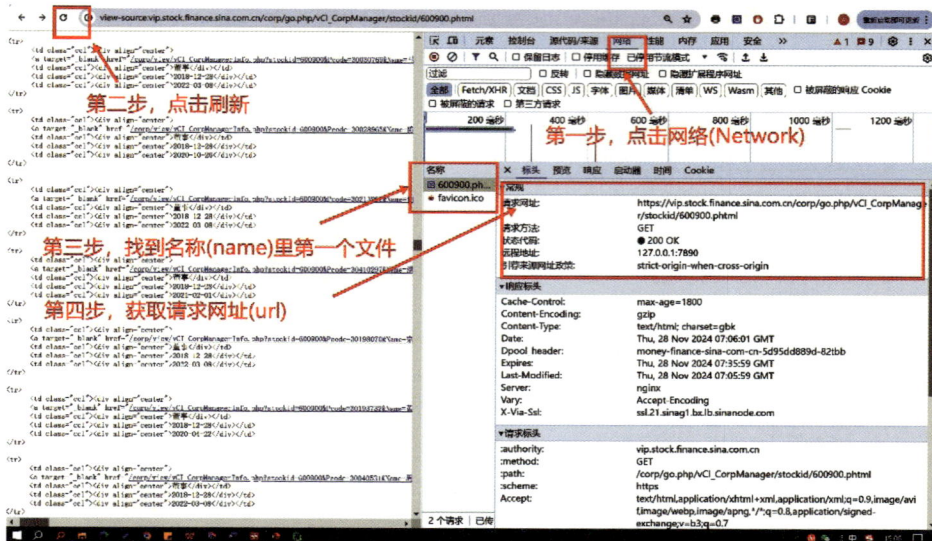

图 3-16　高管信息网页源代码获取方式

第二步，获取 Headers 信息。在上述【Headers】里找到"Request Headers"，里面显示的信息即爬取网页时所需的 Headers 信息，将其全部复制出来即可（图 3-17）。

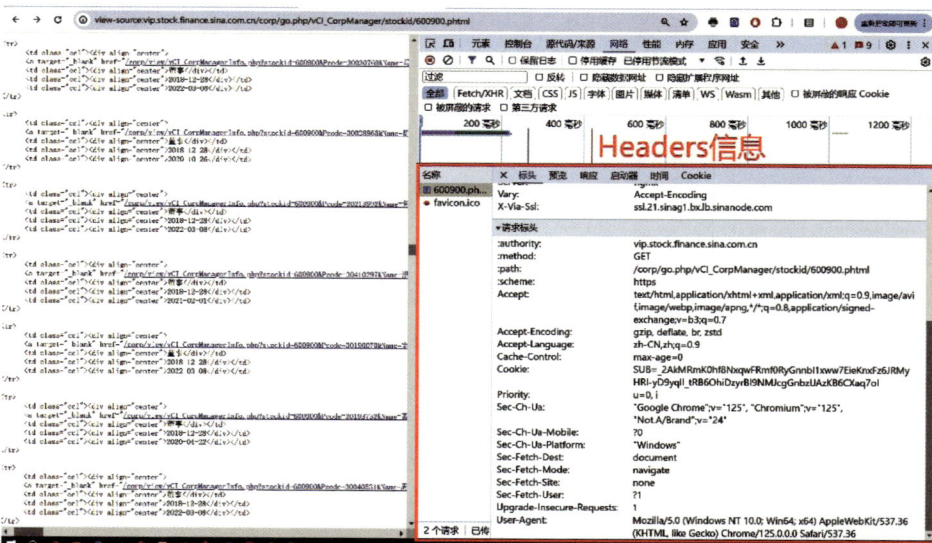

图 3-17　网页源代码 Headers 信息获取方式

代码：

url = ′https://vip. stock. finance. sina. com. cn/corp/go. php/vCI_CorpManager/stockid/600900.phtml′

headers = {

′User-Agent′: ′Mozilla/5.0 (Windows NT 10.0; Win64; x64) AppleWebKit/537.36 (KHTML, like Gecko) Chrome/125.0.0.0 Safari/537.36′,

′Accept′: ′text/html, application/xhtml+xml, application/xml; q=0.9, image/avif, image/webp,image/apng,*/*;q=0.8,application/signed-exchange;v=b3;q=0.7′,

′Accept-Encoding′: ′gzip, deflate, br, zstd′,

′Accept-Language′: ′en-US,en;q=0.9′,

′Cookie′: ′SUB= _2AkMRPM_rf8NxqwFRmfwWzG7jb492zAzEi-eKnYD4wJRMyHRl-yD9yqmwntRB6OrzhBrx5ZNCcTzg-kQz8HSBFliCJAMzL; SUBP=0033WrSXqPxfM72-Ws9jqgMF55529P9D9WFKhnuwFXkxQFqZBgLziazb; UOR=www. google. com, tech. sina. com. cn,; SINAGLOBAL=220.178.180.139_1718546483.314632; Apache=220.178.180.19_1730218451.710831; SFA_version8.0.0=2024-10-30%2000%3A12; SFA_version8.0.0_click=1; FINA_V_S_2=sh600900; ULV=1732779408406: 2: 1: 1: 220.178.180.19_1730218451.710831: 1718546483116′,

′Upgrade-Insecure-Requests′: ′1′

} # 注意不要增加额外空格

第三步，使用 requests.get 获取网页源代码信息，这里需要注意一点，即查看网页汉字编码标准，以防抓取的信息出现乱码格式。操作步骤如下：在网页空白处右击【查看网页源代码】，Ctrl+F，搜索"charset"，找到"meta"元素下"charset"赋值，如图 3-18 所示，该网页汉字编码标准为 GB2312，因此我们采用 GB18030[①]进行读写。

---

① GB 18030，全称《信息技术 中文编码字符集》，是中华人民共和国国家标准所规定的变长多字节字符集。其对 GB 2312-1980 完全向后兼容，与 GBK 基本向后兼容，并支持 Unicode（GB 13000）的所有码位。GB 18030 共收录汉字 70244 个。

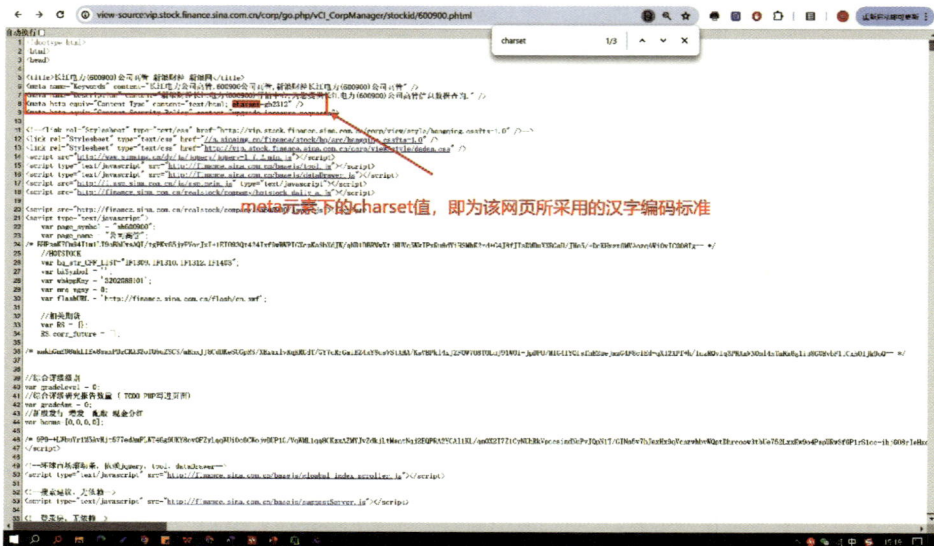

图 3-18　网页源代码汉字编码标准获取方式

将 html 和 html.text 打印出来，如图 3-19 所示，其中状态码[①]在【Headers】里也会提供，"200"表示请求已成功，请求所希望的响应头或数据体将随此响应返回。出现此状态码表示正常状态（图 3-20）。

代码：

html = requests.get(url=url, headers=headers)

print(html) # or response.content for binary data

print(f"响应内容类型：{html.headers.get('Content-Type')}") # 打印响应内容的类型

html.encoding = 'GB2312' # 根据类型设置编码

print(f"响应内容的长度: {len(html.text)}") # 打印响应内容的长度

print(f"最终的请求 URL: {html.url}") # 查看最终 URL

print(f"响应内容:\n{html.text}") # 打印响应内容

---

① HTTP 状态码（HTTP Status Code）是用以表示网页服务器超文本传输协议响应状态的 3 位数字。

图 3-19　打印 html.text 显示文本信息

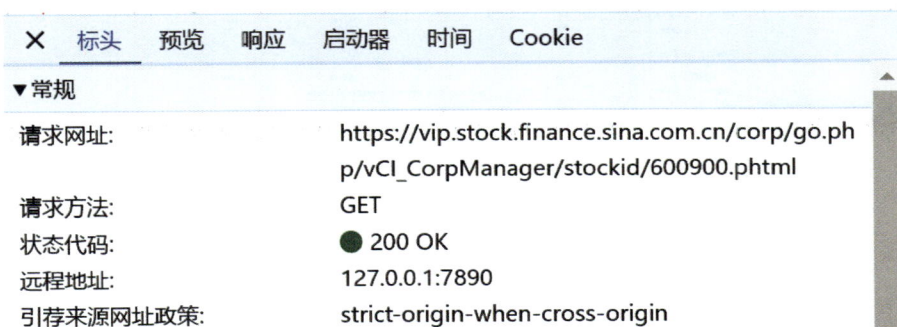

图 3-20　网页请求状态码示意图

第四步，使用最开始导入的 etree 库将读取的 HTML 文本转换为"Element 对象"，以便更便捷地提取我们所需信息。将 html.text 和转换后的 html.text 两者类型打印出来即可看出，原始的 html.text 的类型为字符串类型 str，转换后的 html.text 的类型为"lxml.etree._Element"，即 Element 元素对象[①]。

代码：

tree = etree.HTML(html.text) #把源代码转为 element 对象

___

① 在 HTML DOM（文档对象模型）中，每个部分都是节点：文档本身是文档节点；所有 HTML 元素是元素节点；所有 HTML 属性是属性节点；HTML 元素内的文本是文本节点；注释是注释节点。

第五步，在转换后的 Element 对象中利用 XPath 寻找所需查找字符的路径表达式，这里需要用到之前在 chrome 安装的 XPath Helper 插件。打开 XPath Helper 插件，如图 3-21 所示。

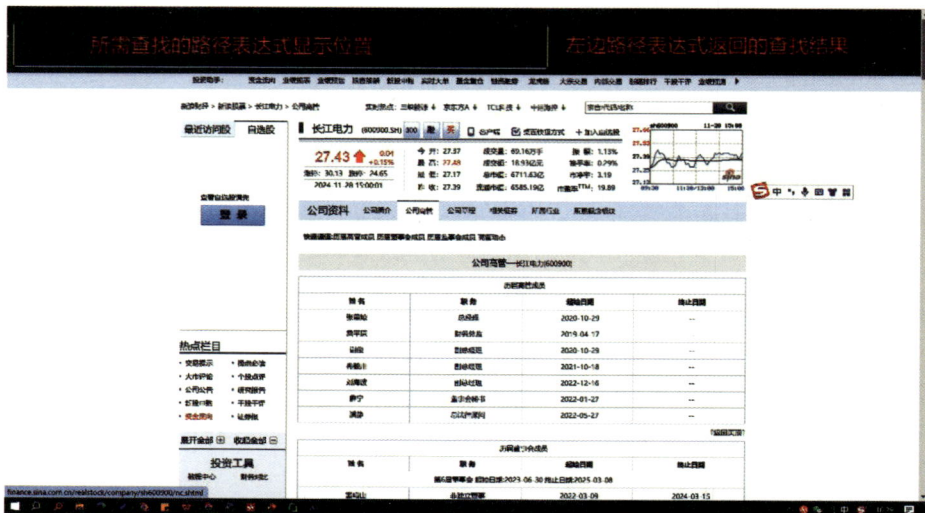

图 3-21　网页 XPath Helper 插件调取示意图

按住【shift】键，同时鼠标指针滑动到"陈国庆"的位置，直至黄色区域显示面积最小，【QUERY】中给出的即是所需查找的"陈国庆"所对应的路径表达式，表示可以通过该路径表达式直接获取"陈国庆"这一信息。同理，按住【shift】键，鼠标指针在其他所要查找的姓名不断滑动，然后对比路径表达式发生的变化。例如，以"陈国庆"和"李绍平"为例，对比路径表达式可以发现，仅有 tr 的属性值发生了变化，因此，尝试将 tr 属性值直接删除，再查看返回结果（图 3-22）。

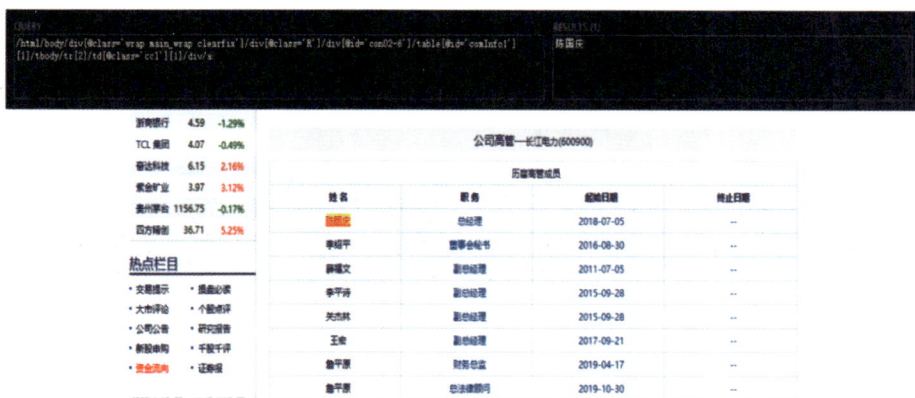

/html/body/div[@class='wrap main_wrap clearfix']/div[@class='R']/div[@id='con02-6']/table[@id='cominfo1'][1]/tbody/tr[2]/td[@class='ccl'][1]/div/a

/html/body/div[@class='wrap main_wrap clearfix']/div[@class='R']/div[@id='con02-6']/table[@id='cominfo1'][1]/tbody/tr[3]/td[@class='ccl'][1]/div/a

图 3-22　网页 XPath Helper 插件使用方法①

　　返回结果如图 3-23 所示，仅返回了网页中第一张表格所提供的姓名信息，因此还需要再进一步查找路径表达式，以获取完整的能够返回全部姓名信息的路径表达式。同理，按住【shift】键，鼠标指针在第二张表格的前两个姓名停留并分别获取路径表达式，通过对比可以看出，第二张表格的前两个姓名在路径表达式上的区别仍然在于 tr 属性值的变化，但第一张表格和第二张表格姓名在路径表达式上的区别在于 tbody 前一个属性值的变化，因此将其删除后查看返回结果。

/html/body/div[@class='wrap main_wrap clearfix']/div[@class='R']/div[@id='con02-6']/table[@id='cominfo1'][1]/tbody/tr/td[@class='ccl'][1]/div/a

/html/body/div[@class='wrap main_wrap clearfix']/div[@class='R']/div[@id='con02-6']/table[@id='cominfo1'][2]/tbody/tr[3]/td[@class='ccl'][1]/div/a

/html/body/div[@class='wrap main_wrap clearfix']/div[@class='R']/div[@id='con02-6']/table[@id='cominfo1'][2]/tbody/tr[4]/td[@class='ccl'][1]/div/a

图 3-23　网页 XPath Helper 插件使用方法②

返回结果如图3-24所示，总共返回145个高管成员姓名，滑动网页对比可以看出，该路径表达式与我们所需查找的结果一致。因此，所要查找的姓名这一路径表达式已经确定。

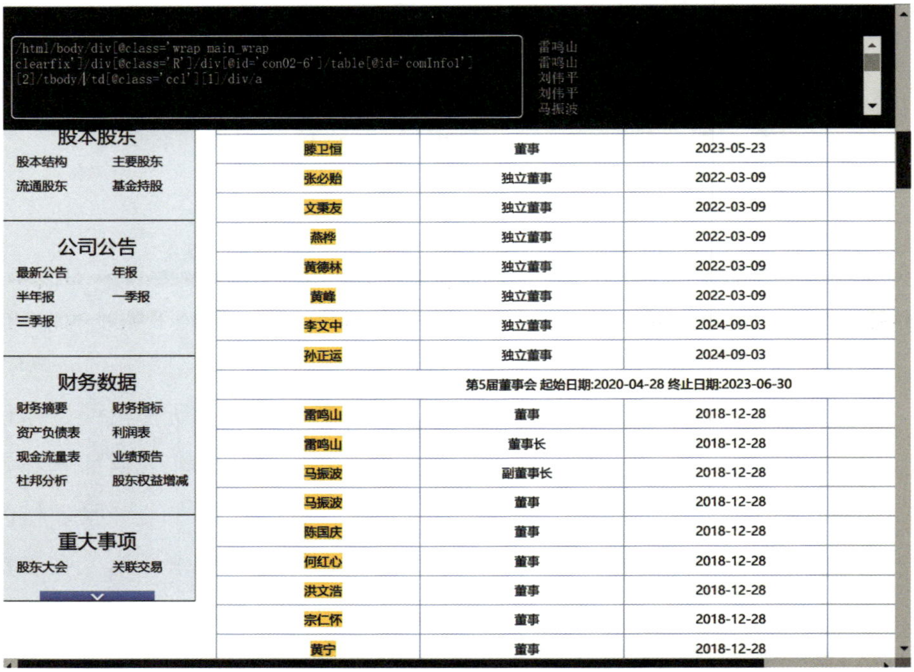

图3-24　网页XPath Helper插件使用方法③

　　为了缩减路径表达式的书写长度，达到更简便的效果，采用如下方法：在上述路径表达式的基础上一直尝试，从任意位置检索最短的路径表达式，直到结果一样，如图3-25所示。第一个路径表达式返回的结果包含了名字之外的一些信息，总计196条，因此不符合，说明删除的路径过多。第二个路径表达式返回的结果刚好符合所要查找的信息，即全部高管成员的姓名，因此，路径表达式缩减工作完成。

图 3-25 网页 XPath Helper 插件使用方法④

此时，可以利用 XPath 语句将该路径表达式下的信息赋值给 name_list，代码如下。

name_list = tree.xpath("//td[@class='ccl'][1]/div/a")

name_list = [name.text for name in name_list] #用循环把元素节点中的文本节点全部提取出来后，再赋值给原来的 name_list

for nm in name_list :

print(nm)

输出（图 3-26）：

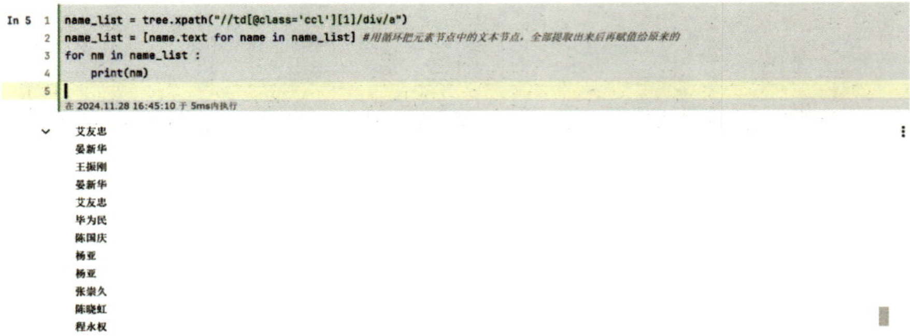

```
In 5  1  name_list = tree.xpath("//td[@class='ccl'][1]/div/a")
      2  name_list = [name.text for name in name_list] #用循环把元素节点中的文本节点，全部提取出来后再赋值给原来的
      3  for nm in name_list :
      4      print(nm)
      5  |
      在 2024.11.28 16:45:10 于 5ms内执行
```

艾友忠
晏新华
王振刚
晏新华
艾友忠
毕为民
陈国庆
杨亚
杨亚
张崇久
陈晓虹
程永权

图 3-26　网页 XPath Helper 插件使用方法⑤

（2）获取所有关键信息路径表达式。

同理，我们采用上述方法将职务、起始日期、终止日期等信息的路径表达式全部提取出来并予以赋值，最终形成获取完整信息的代码如下：

tree = etree.HTML(html.text)

通过 xpath 提取包含姓名、职务、起始日期、终止日期信息的文本节点

name_xpath= "//td[@class='ccl'][1]/div/a"

job_xpath = "//td[@class='ccl'][2]/div"

start_xpath = "//td[@class='ccl'][3]/div"

end_xpath = "//td[@class='ccl'][4]/div" #不能直接定位到元素节点的文本节点内容，因为有些文本节点内容是空值，容易引起错行，抓取错误

name_list = tree.xpath(name_xpath)

job_list = tree.xpath(job_xpath)

start_list = tree.xpath(start_xpath)

end_list = tree.xpath(end_xpath)

name_list = [name.text for name in name_list]

job_list = [job.text for job in job_list]

start_list = [start.text for start in start_list]

end_list = [end.textfor end in end_list]

for name, job, start, end in zip(name_list, job_list, start_list, end_list) : #打包

循环

info = name + "," + job + "," + start + "," + end

print(info)

输出（展示部分结果）：

陈国庆,总经理,2018-07-05,--

李绍平,董事会秘书,2016-08-30,--

薛福文,副总经理,2011-07-05,--

李平诗,副总经理,2015-09-28,--

关杰林,副总经理,2015-09-28,--

王宏,副总经理,2017-09-21,--

詹平原,财务总监,2019-04-17,--

（3）结果输出到 csv 文件或者 xlsx 文件。

将结果输出到 csv 文件，代码如下：

file = r"D:\Python\Pythoncode\网络爬虫 1130 下午 1201\新浪财经高管任职\600900.csv" #文件可以是生成的也可以是已经存在的

with open(file,"w",encoding= "gb18030") as f:

f.write('''"姓名","职务","起始日期","终止日期"\n''') #添加首行表头标题　不加\n 则会输出到一行

for name, job, start, end in zip(name_list, job_list, start_list, end_list):

f.write('''"%s","%s","%s","%s"\n''' % (name, job, start,end))

#使用占位符"%s"，再用元素组来表示之前的四个占位符分别代表什么

print("所有结果已输出到"+file)

csv 输出结果如下，用 Excel 可以打开 csv 文件（图 3-27）：

图 3-27　高管信息 csv 格式存储

将结果输出到 csv 文件或者 xlsx 文件，要用到一个新的库——pandas，代码如下：

import pandas as pd #通过 pandas 包输出为 xlsx 文件

file = r"D:\Python\Pythoncode\python 教学\600900 新 .xlsx"

df = pd.DataFrame(data = [name_list, job_list, start_list, end_list]).T

df # df 初始为一个 5*145 的矩阵，因此需要转置，用 ".T"

df.columns = ["姓名", "职务", "起始日期", "终止日期"] #定义 columns 属性

df.to_excel(file)

print("所有结果已输出到"+file)

xlsx 输出结果如下，用 Excel 可以打开（图 3-28）：

图 3-28　高管信息 xlsx 格式存储

（4）增加公司股票代码信息的高管任职信息。

以上是抓取一家公司的代码，当你需要抓取多家公司以示区分时，需要增加股票代码，那么需要增加新的一列作为股票代码。构建思路：新生成的这一列所含列表个数要与 name_list 保持一致，且每个元素都是 600900。具体代码如下：

stkcd_list = ["600900"]*len(name_list) #stkcd_list 列表个数要和 namelist 保持一致，且每个元素都是 600900

file = r"D:\Python\Pythoncode\python 教学\600900-1.csv"

with open(file,"w",encoding= "gb18030") as f:

f.write('''"股票代码","姓名","职务","起始日期","终止日期"\n''')

for stkcd, name, job, start, end in zip(stkcd_list, name_list, job_list, start_list, end_list):

f.write('''"%s","%s","%s","%s","%s"\n''' % (stkcd, name, job, start, end))

print("所有结果已输出到"+file)

输出（图 3-29 展示部分结果）：

	A	B	C	D	E
1	股票代码	姓名	职务	起始日期	终止日期
2	600900	张星燎	总经理	2020/10/29	--
3	600900	詹平原	财务总监	2019/4/17	--
4	600900	谢俊	副总经理	2020/10/29	--
5	600900	冉毅川	副总经理	2021/10/18	--
6	600900	刘海波	副总经理	2022/12/16	--
7	600900	薛宁	董事会秘书	2022/1/27	--
8	600900	潘静	总法律顾问	2022/5/27	--
9	600900	雷鸣山	非独立董事	2022/3/9	2024/3/15
10	600900	雷鸣山	董事长	2022/3/10	2024/3/15
11	600900	刘伟平	董事	2024/6/20	2025/3/8
12	600900	刘伟平	董事长	2024/6/20	2025/3/8
13	600900	马振波	代理董事长	2024/3/15	2024/6/20

图 3-29　高管信息添加股票代码

【实训任务二】循环抓取多家公司高管信息

（1）获取上市公司股票代码信息。

①调用 tushare 库获取上市公司股票代码信息。

首先，我们需要获取所有上市公司的股票代码，这里将导入另一个库——tushare，这是一个免费、开源的Python财经数据接口包。代码如下：

```
import requests
from lxml import etree
import tushare # 通过tushare获取上市公司的股票代码
stock_basic = tushare.get_stock_basics() # 获取上市公司信息
print(stock_basic) # 可通过查看stock_basic类型发现，这是一个DataFrame，即矩阵数据表，有行索引和列索引
print(stock_basic.index) #进一步提取上市公司信息中的股票代码，.index返回的各行的索引值标签，即第一列
for stk in stock_basic.index: #使用index获取
print(stk)
```

注意，因为旧版库失效了，所以最好使用tushare pro，新版tushare功能更强，支持Python3，但是需要token，可以进入该网址注册使用新版tushare，网站可以自动生成代码：https://tushare.pro/register?reg=585525。

输出结果解读：

第一个打印stock_basic的结果如图3-30所示。

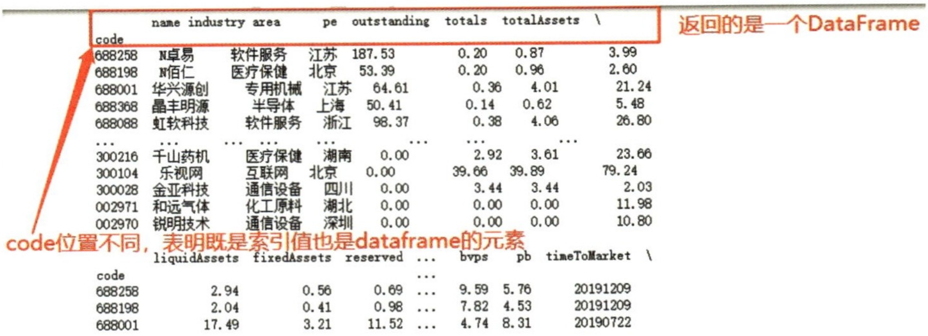

```
        name industry area      pe  outstanding  totals  totalAssets  \
code
688258  N卓易    软件服务  江苏  187.53        0.20    0.87         3.99
688198  N佰仁    医疗保健  北京   53.39        0.20    0.96         2.60
688001  华兴源创   专用机械  江苏   64.61        0.36    4.01        21.24
688368  晶丰明源    半导体  上海   50.41        0.14    0.62         5.48
688088  虹软科技   软件服务  浙江   98.37        0.38    4.06        26.80
...      ...      ...  ...     ...          ...     ...          ...
300216  千山药机   医疗保健  湖南    0.00        2.92    3.61        23.66
300104   乐视网    互联网  北京    0.00       39.66   39.89        79.24
300028  金亚科技   通信设备  四川    0.00        3.44    3.44         2.03
002971  和远气体   化工原料  湖北    0.00        0.00    0.00        11.98
002970  锐明技术   通信设备  深圳    0.00        0.00    0.00        10.80

        liquidAssets  fixedAssets  reserved  ...  bvps    pb  timeToMarket  \
code                                        ...
688258          2.94         0.56      0.69  ...  9.59  5.76      20191209
688198          2.04         0.41      0.98  ...  7.82  4.53      20191209
688001         17.49         3.21     11.52  ...  4.74  8.31      20190722
```


图3-30　stock_basic输出结果解读

第二个打印stock_basic.index的是返回DataFrame的标签（或索引值）。

第三个打印的是stock_basic.index里的所有元素，结果如图3-31所示。

图 3-31　stock_basic.index 输出结果解读

可以通过输出 stock_basic，stock_basic.index，stk 查看各自的类型，分别为：

<class 'pandas.core.frame.DataFrame'>

<class 'pandas.core.indexes.base.Index'>

<class 'str'>

②调用 akshare 库获取上市公司股票代码信息。

注意：使用 akshare 获取实时行情数据。

接口：stock_zh_a_spot 。

目标地址：http://vip.stock.finance.sina.com.cn/mkt/#hs_a。

描述：A 股数据是从新浪财经获取的数据，重复运行本函数会被新浪暂时封 IP，建议增加时间间隔。

限量：单次返回所有 A 股上市公司的实时行情数据。

首先，我们需要获取所有上市公司的股票代码，这里将导入另一个库——akshare，也是一个免费的 python 财经数据接口包（图 3-32）。

图 3-32　stock_codes 输出结果解读

实现上述效果所需代码如下：

```
# 声明 akshare 库
import akshare as ak
# 获取中国股市的所有股票信息
stock_data = ak.stock_zh_a_spot()
# 打印所有股票的前几行
print(stock_data.head())
# 提取所有的股票_代码
stock_codes = stock_data['代码'].tolist()
# 打印所有股票代码
for code in stock_codes:
print(code)
```

接下来对表中信息进行打印，分别打印其行索引、列索引、前三行数据（图3-33）：

```
行索引（股票代码）：
RangeIndex(start=0, stop=5369, step=1)

列索引（列名称）：
Index(['代码', '名称', '最新价', '涨跌额', '涨跌幅', '买入', '卖出', '昨收', '今开', '最高', '最低',
       '成交量', '成交额', '时间戳'],
      dtype='object')

前3行数据：
       代码      名称     最新价   涨跌额    涨跌幅     买入     卖出     昨收     今开     最高  \
0  bj430017  星昊医药  16.63  0.17  1.033  16.62  16.63  16.46  16.53  17.20
1  bj430047  诺思兰德  14.32 -0.06 -0.417  14.32  14.35  14.38  14.50  14.75
2  bj430090  同辉信息   8.67 -0.21 -2.365   8.66   8.67   8.88   8.75   9.30

     最低       成交量          成交额      时间戳
0  16.29   4235233.0   71293801.0  15:30:01
1  14.25   2594111.0   37797865.0  15:30:01
2   8.66  15726775.0  140845356.0  15:30:01
```

图3-33　行列索引输出结果解读

实现上述效果的代码如下：

```
# 打印所有股票数据的行索引和列索引
```

```
print("行索引（股票代码）：")
```

```
print(stock_data.index) # 输出行索引，通常是股票代码
```

```
print("\n 列索引（列名称）：")
```

```
print(stock_data.columns) # 输出列索引，列名称
```

```
# 打印前 3 行数据
```

```
print("\n 前 3 行数据：")
```

```
print(stock_data.head(3)) # 打印前 3 行数据
```

接下来再打印股票代码与名称（图 3-34）。

```
股票代码和股票名称：
              代码      名称
0       bj430017  星昊医药
1       bj430047  诺思兰德
2       bj430090  同辉信息
3       bj430139  华岭股份
4       bj430198  微创光电
...          ...   ...
5364    sz301618  长联科技
5365    sz301626  苏州天脉
5366    sz301628  强达电路
5367    sz301631  C壹连
5368    sz301633  港迪技术

[5369 rows x 2 columns]
```

图 3-34　股票代码与企业名称输出结果解读

实现上述效果的代码如下：

```
# 打印某些列的信息，比如股票代码和名称
```

```
print("\n 股票代码和股票名称：")
```

```
print(stock_data[['代码', '名称']]) # 按列索引打印股票代码和名称
```

（2）循环抓取不同上市公司高管任职信息——以十家公司为例。

①调用 tushare 库循环抓取不同上市公司高管任职信息。

代码如下：

```
# 以上是抓取全部 5369 家公司的信息，现在以抓取十家公司作为范例
```

```
stock_basic = tushare.get_stock_basics()
```

stock_basic = stock_basic.sample(axis = 0, n = 10) #axis 表示横坐标，这里表示随机抽取十家公司

for stk in stock_basic.index: #使用 index 获取

print(stk)

这里用到一个新的语句"sample"，pandas.DataFrame.sample 表示随机选取若干行，使用说明如下：

函数名及功能：

DataFrame.sample(n=None, frac=None, replace=False, weights=None, random_state=None, axis=None)[source]

输入参数说明（表3-7）：

表3-7　sample 函数参数说明与举例

参数名称	参数说明	举例说明
n	要抽取的行数	df.sample(n=3, random_state=1) 提取3行数据列表 注意，使用 random_state，以确保可重复性的例子
frac	抽取行的比例 例如 frac=0.8,就是抽取80%	df. sample(frac=0.8, replace=True, random_state=1)
replace	是否为有放回抽样， True:有放回抽样； False:未放回抽样	True:取行数据后,可以重复放回后再取 False:取行数据后不收回,下次取其他行数据 注意:当N>总数据容量,replace 设置为值时有效
weights	字符索引或概率数组 axis=0:为行字符索引或概率数组 axis=1:为列字符索引或概率数组	
random_state	int:随机数发生器种子或 numpy. random.RandomState	random_state=None,取得数据不重复 random_state=1,可以取得重复数据

续　表

参数名称	参数说明	举例说明
axis	选择抽取数据的行还是列 axis=0:抽取行;axis=1:抽取列	axis=1时,在列中随机抽取 n 列, axis=0时,在行中随机抽取 n 行

返回值说明：返回选择的 N 行元素的 DataFrame 对象。

上述代码输出结果如图 3-35 所示。

```
In [9]:  1  #以上是抓取全部3750家公司的信息，现在以抓取十家公司作为范例
         2  stock_basic = tushare.get_stock_basics()
         3  stock_basic = stock_basic.sample(axis = 0, n = 10)   #axis表示横坐标,这里表示随机抽取十家公司
         4  for stk in stock_basic.index:
         5      print(stk)                          #使用index获取
         executed in 273ms, finished 15:26:44 2019-12-10

002882
603822
601500
600111
600139
000430
002334
300654
000659
002771
```

图 3-35　"随机抽取 10 家公司"代码输出结果

接下来结合上文抓取一家公司的爬虫代码以及循环语句，编写抓取的随机 10 家公司的上市公司高管数据的代码，这里还要用到一个占位符的语句，使用方法如下：

s="asdf"

print("字母%s" % s)

输出：

字母 asdf

完整代码如下：

import requests

from lxml import etree

import tushare

import pandas as pd

stock_basic = tushare.get_stock_basics()

stock_basic = stock_basic.sample(axis = 0, n = 10) #axis 表示横坐标，这里

表示随机抽取10家公司

```
#当循环内代码都是一样的时候，循环内一样的东西可以放到外面
headers = {
    "Accept":"text/html,application/xhtml+xml,application/xml;q=0.9,image/webp,
image/apng,*/*;q=0.8,application/signed-exchange;v=b3",
    "Accept-Encoding":"gzip, deflate",
    "Accept-Language":"zh-CN,zh;q=0.9",
    "Cache-Control":"max-age=0",
    "Connection":"keep-alive",
    "Host":"vip.stock.finance.sina.com.cn",
    "Upgrade-Insecure-Requests":"1",
    "User-Agent":"Mozilla/5.0 (Windows NT 10.0; Win64; x64)
AppleWebKit/537.36 (KHTML, like Gecko) Chrome/75.0.3770.80 Safari/
537.36"
}
name_xpath= "//td[@class='ccl'][1]/div/a"
job_xpath = "//td[@class='ccl'][2]/div"
start_xpath = "//td[@class='ccl'][3]/div"
end_xpath = "//td[@class='ccl'][4]/div"
all_name = []
all_job = []
all_start = []
all_end = []
all_stkcd = []
for stk in stock_basic.index: #使用index获取
print("正在抓取的公司为%s" % stk)
Url = "http://vip. stock. finance. sina. com. cn/corp/go. php/vCI_CorpManager/
stockid/%s.phtml" % stk
```

```
html = requests.get(url, headers = headers)
html.encoding = 'gb18030' # 页面的编码为 gb18030
tree = etree.HTML(html.text)
name_list = tree.xpath(name_xpath)
job_list = tree.xpath(job_xpath)
start_list = tree.xpath(start_xpath)
end_list = tree.xpath(end_xpath)
name_list = [name.
text for name in name_list]
job_list = [job.text for job in job_list]
start_list = [start.text for start in start_list]
end_list = [end.text for end in end_list]
stkcd_list = [stk]*len(name_list) #stk
```

本身就是一个字符串可以在这里使用，上面则需要用占位符

```
all_name.extend(name_list)
all_job.extend(job_list)
all_start.extend(start_list)
all_end.extend(end_list)
all_stkcd.extend(stkcd_list)
file = r"D:\Python\Pythoncode\python 教学\新浪财经高管任职 10 家随机.
xlsx"
df=pd.DataFrame(data=[all_stkcd,all_name,all_job,all_start,all_end])T
df.columns = [ "股票代码","姓名", "职务", "起始日期", "终止日期"]
df.to_excel(file)
```

②调用 akshare 库循环抓取不同上市公司高管任职信息。

如前所述，接下来将用到语句"sample"进行随机抽取，还要用到一个占位符的语句。使用方法如下：

```
# 随机抽取 10 家公司的数据
```

sampled_stocks = stock_data.sample(n=10, random_state=42)

设置随机种子random_state，保证每次运行时抽取的样本相同（确保结果可复现）。你可以替换为任何数字，或者删除该参数以实现每次抽样不同。

打印抽取的10家公司的数据

print(sampled_stocks)

上述代码实现效果如图3-36所示。

	代码	名称	最新价	涨跌额	涨跌幅	买入	卖出	昨收	今开	最高 \
410	sh600198	大唐电信	10.33	-0.12	-1.148	10.32	10.33	10.45	10.53	10.58
3625	sz002625	光启技术	39.40	0.16	0.408	39.39	39.40	39.24	40.00	41.18
838	sh600750	江中药业	20.19	-0.43	-2.085	20.18	20.19	20.62	20.55	20.61
4080	sz300078	思创医惠	3.74	-0.14	-3.608	3.73	3.74	3.88	3.82	3.88
4572	sz300600	ST瑞科	7.13	0.00	0.000	7.13	7.14	7.13	7.12	7.27
642	sh600517	国网英大	5.52	-0.03	-0.541	5.52	5.53	5.55	5.53	5.59
4336	sz300352	北信源	5.89	-0.07	-1.174	5.89	5.90	5.96	6.00	6.15
1539	sh603383	顶点软件	38.48	-0.68	-1.736	38.48	38.49	39.16	39.91	40.38
1837	sh605001	威奥股份	6.21	0.06	0.976	6.21	6.22	6.15	6.10	6.28
486	sh600301	华锡有色	18.80	0.04	0.213	18.80	18.81	18.76	18.55	19.62

	最低	成交量	成交额	时间戳
410	10.30	31771700.0	3.313893e+08	15:00:01
3625	39.40	53462665.0	2.150609e+09	15:00:00
838	20.12	7891518.0	1.598550e+08	15:00:01
4080	3.72	72651341.0	2.756738e+08	15:35:00

图3-36 "随机抽取10家公司"代码实现效果

结合上文抓取一家公司的爬虫代码以及循环语句，编写抓取的随机10家公司的上市公司高管数据的代码，代码和运行结果如下：

import requests

from lxml import etree

import akshare as ak

import pandas as pd

获取沪深股市的所有股票信息

stock_data = ak.stock_zh_a_spot()

随机抽取10家公司

stock_data_sample = stock_data.sample(n=10, random_state=42)

```
# 设置请求头（headers）
headers = {
'User-Agent': 'Mozilla/5.0 (Windows NT 10.0; Win64; x64) AppleWebKit/
537.36 (KHTML, like Gecko) Chrome/125.0.0.0 Safari/537.36',
'Accept': 'text/html, application/xhtml+xml, application/xml; q=0.9, image/avif,
image/webp,image/apng,*/*;q=0.8,application/signed-exchange;v=b3;q=0.7',
'Accept-Encoding': 'gzip, deflate, br, zstd',
'Accept-Language': 'en-US,en;q=0.9',
'Cookie':        'SUB=        _2AkMRPM_rf8NxqwFRmfwWzG7jb492zAzEi-
eKnYD4wJRMyHRl-yD9yqmwntRB6OrzhBrx5ZNCcTzg-kQz8HSBFliCJAMzL;
SUBP=0033WrSXqPxfM72-Ws9jqgMF55529P9D9WFKhnuwFXkxQFqZBgLziazb;
UOR=www. google. com, tech. sina. com. cn,;  SINAGLOBAL=220.178.180.139_
1718546483.314632;   Apache=220.178.180.19_1730218451.710831;   SFA_ver-
sion8.0.0=2024-10-30%2000%3A12;  SFA_version8.0.0_click=1;  FINA_V_S_2=
sh600900;  ULV=1732779408406: 2: 1: 1: 220.178.180.19_1730218451.710831:
1718546483116',
'Upgrade-Insecure-Requests': '1'
} # 注意不要增加额外空格
# 定义 XPath 路径
name_xpath = "//td[@class='ccl'][1]/div/a"
job_xpath = "//td[@class='ccl'][2]/div"
start_xpath = "//td[@class='ccl'][3]/div"
end_xpath = "//td[@class='ccl'][4]/div"
# 初始化存储数据的列表
all_name = []
all_job = []
all_start = []
all_end = []
```

```python
all_stkcd = []
# 遍历随机抽取的股票代码
stock_code = stock_data_sample['代码'].tolist()
for stk in stock_code:  # 使用股票代码
print("正在抓取的公司为%s" % stk)
url = f"http://vip.stock.finance.sina.com.cn/corp/go.php/vCI_CorpManager/
    stockid/{stk}.phtml"
html = requests.get(url, headers=headers)
html.encoding = 'gb18030'  # 页面编码为 gb18030
tree = etree.HTML(html.text)
# 提取数据
name_list = tree.xpath(name_xpath)
job_list = tree.xpath(job_xpath)
start_list = tree.xpath(start_xpath)
end_list = tree.xpath(end_xpath)
# 处理提取的数据
name_list = [name.text for name in name_list]
job_list = [job.text for job in job_list]
start_list = [start.text for start in start_list]
end_list = [end.text for end in end_list]
stkcd_list = [stk] * len(name_list)  # 股票代码与每个高管信息一一对应
# 将数据添加到总列表中
all_name.extend(name_list)
all_job.extend(job_list)
all_start.extend(start_list)
all_end.extend(end_list)
all_stkcd.extend(stkcd_list)
# 将数据写入 Excel 文件
```

file = r"C:\Users\wang\Desktop\pythonProject\新浪财经高管任职10家随机．

xlsx"

df = pd.DataFrame(data=[all_stkcd, all_name, all_job, all_start, all_end]).T

df.columns = ["代码", "姓名", "职务", "起始日期", "终止日期"]

df.to_excel(file, index=False)

print("数据已成功写入 Excel 文件！")

运行结果如图3-37所示。

	A	B	C	D	E
1	代码	姓名	职务	起始日期	终止日期
2	sh600198	冉会娟	总经理	2022-06-1	--
3	sh600198	佟奎	副总经理	2022-06-1	--
4	sh600198	陈中林	副总经理	2023-07-1	--
5	sh600198	崔志鹏	副总经理	2023-07-1	--
6	sh600198	马红霞	财务总监	2022-06-1	--
7	sh600198	王韶莉	董事会秘	2019-05-3	--
8	sh600198	雷信生	董事	2021-05-1	2022-07-11
9	sh600198	刘欣	董事长	2022-07-1	2024-05-18
10	sh600198	雷信生	董事长	2021-05-1	2022-07-11
11	sh600198	刘欣	董事	2022-07-1	2024-05-18
12	sh600198	马建成	董事	2021-05-1	2024-05-18
13	sh600198	马超	董事	2021-05-1	2022-07-11
14	sh600198	谢德平	董事	2021-05-1	2024-05-18
15	sh600198	宗文龙	独立董事	2021-05-1	2022-01-27
16	sh600198	冉会娟	董事	2022-07-2	2024-05-18
17	sh600198	李可杰	独立董事	2021-05-1	2021-11-08
18	sh600198	杨放春	独立董事	2021-05-1	2024-05-18
19	sh600198	刘保钰	独立董事	2021-11-C	2024-05-18

图 3-37　　"随机抓取10家公司的上市公司高管数据"运行结果

五、上市公司财报采集

（一）结构化、半结构化、非结构化数据

1.结构化数据

结构化数据一般用关系型数据库表示和存储，表现为二维形式的数据。一般特点是：数据以行为单位，一行数据表示一个实体的信息，每一

行数据的属性是相同的。常见的结构化数据库有 Oracle、MySQL、SQL Server 等。

那么结构化数据表与财务报表有什么不同？

普通财务报表称为交叉表，是二维表的一些数据列转置为行的结果。通常，这种表格也被称为数据透视表（图3-38）。

长江电力(600900) 利润表				单位：万元
报表日期	2021-12-31	2021-09-30	2021-06-30	2021-03-31
一、营业总收入	5,564,625.40	4,044,821.95	1,990,149.34	887,039.72
营业收入	5,564,625.40	4,044,821.95	1,990,149.34	887,039.72
二、营业总成本	2,857,766.99	2,161,458.54	1,355,915.80	670,070.27
营业成本	2,111,307.76	1,624,987.80	1,024,094.83	503,491.55
营业税金及附加	116,362.02	77,452.74	39,676.66	16,460.02
销售费用	15,041.97	10,225.12	6,876.18	3,079.67
管理费用	135,976.60	85,626.35	49,623.31	23,747.05
财务费用	475,136.96	361,511.39	234,598.55	122,733.40
研发费用	3,941.68	1,655.14	1,046.26	558.58
资产减值损失	—			
公允价值变动收益	33,548.27	12,073.71	8,908.32	68,809.42
投资收益	542,567.01	516,800.52	380,996.47	79,517.11
其中:对联营企业和合营企业的投资收益	280,178.23	320,892.96	201,703.10	77,489.69
汇兑收益	—		—	
三、营业利润	3,287,617.40	2,412,648.17	1,024,637.13	366,156.09
加:营业外收入	3,030.17	2,965.81	2,942.81	12.60
减:营业外支出	49,713.15	34,787.68	7,965.63	3,980.54
其中:非流动资产处置损失	—			
四、利润总额	3,240,934.42	2,380,826.30	1,019,614.31	362,188.16
减:所得税费用	592,390.03	408,227.61	151,645.43	70,278.81
五、净利润	2,648,544.39	1,972,598.68	867,968.89	291,909.35

图3-38 普通财务报表

结构化财务报表是指表头有多行的表格形式。企业通常为了方便观察和分析这些数据，会在一些数据字段上添加多层级的维度划分（图3-39）。

公司名称	货币资金	衍生金融资产	应收票据	应收账款	预付款项	应收利息	应收股利	其他应收款	存货
AJ矿业科技有限公司	77,229,011.29	0.00	0.00	30,905,232.68	39,981,991.40	10,123,148.54	0.00	2,113,932,313.17	0.00
AJ矿业科技有限公司	67,295,848.22	0.00	5,994,793.40	28,862,317.46	11,380,654.26	9,939,981.87	0.00	2,546,561,065.89	0.00
AJ矿业科技有限公司	60,585,767.40	0.00	0.00	28,925,556.29	15,176,648.29	9,737,190.20	0.00	2,270,165,783.57	0.00
AJ矿业科技有限公司	55,359,190.22	0.00	0.00	34,117,414.01	18,295,101.54	9,534,398.53	0.00	2,053,955,832.53	119,685.10
AJ矿业科技有限公司	83,623,318.66	0.00	0.00	27,922,594.76	6,873,168.60	9,338,148.53	0.00	2,166,673,043.58	19,319.30
AJ矿业科技有限公司	95,130,208.24	0.00	3,300,000.00	29,740,351.59	4,828,930.85	9,135,356.86	0.00	2,263,817,016.97	19,319.30
AJ矿业科技有限公司	141,720,668.42	0.00	300,000.00	35,666,938.31	3,914,817.44	9,337,773.53	0.00	2,203,157,102.26	19,319.30
AJ矿业科技有限公司	158,042,650.01	0.00	1,800,000.00	33,681,633.03	3,914,817.44	9,134,981.86	0.00	2,185,922,480.40	19,319.30
AJ矿业科技有限公司	175,496,066.32	0.00	1,800,000.00	46,574,625.63	7,880,763.94	8,932,190.19	0.00	2,043,125,668.80	19,319.30
AJ矿业科技有限公司	78,346,340.38	0.00	1,800,000.00	28,401,162.11	26,018,379.29	8,733,773.52	0.00	2,859,192,265.59	19,319.30
AJ矿业科技有限公司	74,024,092.59	0.00	1,800,000.00	38,555,096.58	19,083,237.79	8,530,981.85	0.00	2,886,656,368.19	19,319.30
AJ矿业科技有限公司	74,075,570.75	0.00	1,500,000.00	31,384,194.90	50,489,291.89	8,334,731.85	0.00	2,838,162,718.76	19,319.30
AJ矿业科技有限公司	89,873,801.02	0.00	2,700,000.00	36,410,767.15	21,938,210.69	8,524,106.85	0.00	2,837,993,085.51	19,319.30
AJ矿业科技有限公司	57,122,064.82	0.00	1,000,000.00	33,163,210.16	28,151,904.92	8,340,940.18	0.00	2,421,419,079.76	19,319.30
AJ矿业科技有限公司	77,845,364.04	0.00	11,056,398.43	31,681,222.87	7,018,730.16	8,113,709.83	0.00	−380,536.10	19,319.30
AJ矿业科技有限公司	159,565,988.97	0.00	1,869,380.59	41,927,915.59	549,071,668.61	14,373,273.57	0.00	5,880,011.57	9,679,484.15
AJ矿业科技有限公司	157,310,128.63	0.00	2,069,380.59	28,723,128.30	550,132,712.77	14,153,373.24	0.00	−6,480,944.63	9,679,484.15
AJ矿业科技有限公司	157,246,176.04	0.00	2,069,380.59	30,359,944.07	151,317,541.79	13,926,141.99	0.00	−6,831,277.96	9,679,484.15
AJ矿业科技有限公司	171,449,582.53	0.00	500,000.00	80,392,405.12	24,524,347.24	14,097,462.21	0.00	−7,331,277.96	9,679,484.15
AJ矿业科技有限公司	151,980,715.70	0.00	0.00	94,475,779.77	7,175,076.91	14,157,711.67	0.00	−7,331,277.96	7,238,064.52
AJ矿业科技有限公司	151,093,984.76	0.00	200,000.00	109,913,115.89	4,566,005.44	15,884,096.30	0.00	−7,331,277.96	244,992.64
AJ矿业科技有限公司	151,001,719.21	0.00	1,000,000.00	106,133,943.57	3,248,784.94	15,626,770.96	0.00	−7,331,277.96	244,992.64
AJ矿业科技有限公司	153,259,247.85	0.00	1,000,000.00	110,617,535.95	4,959,189.98	20,133,629.59	0.00	−7,213,159.97	0.00
AJ矿业科技有限公司	273,520,704.74	0.00	2,020,000.00	98,936,501.31	32,304,150.80	22,190,712.52	0.00	−7,737,141.39	10,054,645.64
AJ矿业科技有限公司	436,667,094.97	0.00	320,000.00	87,829,577.20	3,535,619.62	22,872,995.42	0.00	−7,655,015.30	0.00

图 3-39　结构化财务报表

2.半结构化数据

半结构化数据是指同一类实体可以有不同的属性，即使它们被组合在一起，这些属性的顺序并不重要。常见的半结构化数据格式有 XML 和 JSON。

【例】JSON

```
{
"name " : "新道科技",
"url": "http://www.
seentao .com",
"page": 88,
"isNonProfit": false ,
"address": {
"street": "北清路68号.",
"city": "北京市海淀区",
"country": "中国"
},
"links": [
{
"name": "Google",
```

"url":

"http://www.google.com"

},

{

"name": "Baidu",

"url":

"http://www.baidu.com"

}

]

}

3.非结构化数据

非结构化数据是指数据结构不规则或不完整，没有预定义的数据模型，不方便用数据库二维逻辑表来表现的数据。这类数据包括各种格式的办公文档、文本、图片、各类报表、图像和音视频信息等。在存储非结构化数据时，网络附属存储（NAS）和对象存储（OSS）是目前两个主要的选择。

IDC的一项调查报告中指出：企业中80%的数据都是非结构化数据，这些数据每年都按指数增长60%。平均只有1%～5%的数据是结构化的数据。如今，这种迅猛增长的未使用的数据在企业里消耗着复杂而昂贵的一级存储容量。如何更好地保留那些在全球范围内具有潜在价值的不同类型的文件，同时又不因为处理它们而干扰日常的工作？云存储是越来越多的IT公司正在使用的存储技术。

大量财务公告、研报乃至政策信息都是以非结构化数据的形式存在的，如网页、PDF，这些内容数据不是标准的数据表格或者XML格式。因此，需要在数据采集后，对内容数据进行进一步提取、清洗、加工，也就是将非结构化数据转化为半结构化和结构化数据。

（二）企业单表财报数据采集

在进行企业财务分析的时候，不仅需要分析自身的财务数据，同时还需要分析同行业企业的财务数据，以便进行比较和参考。因此，采集外部网站公布的财务数据成了一种重要分析手段。

图 3-40 为上交所上市公司 XBRL 数据公示页。XBRL 是一种基于 XML 的财务报表数据规范。上交所通过推行 XBRL 在上市公司中的应用，不仅可以高效、规范地让企业填报财务数据，还能即时更新和发布财务数据。

图 3-40　上交所上市公司 XBRL 数据公示页

常见的采集方法有模拟用户和模拟请求两种。

模拟用户方法是模拟真实用户访问网站的方法，通过自动化访问网页，并将访问的网页中定义要采集的数据进行采集。其特点是对静态 HTML 页面进行采集，技术要求较低，只需要掌握 XPath 等少量编程知识，但采集效率比较低。"八爪鱼"和"集搜客"采用的就是模拟用户的方法。

模拟请求方法是通过爬取动态接口，向网站接口发送模拟请求并获取接口返回的数据。其特点是能够对动态数据进行采集，技术要求较高，需要使用 Python 和 Web 前端知识。相比模拟用户方法，该方法采集效率较高。"神箭手"采用的就是模拟请求的方法。

数据采集的方案设计如图 3-41 所示。

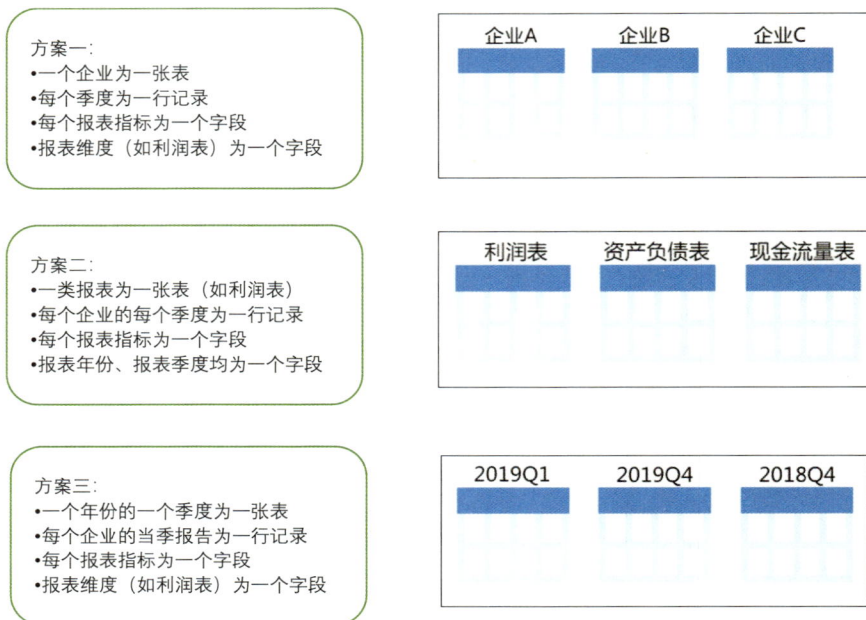

方案一：
- 一个企业为一张表
- 每个季度为一行记录
- 每个报表指标为一个字段
- 报表维度（如利润表）为一个字段

企业A　企业B　企业C

方案二：
- 一类报表为一张表（如利润表）
- 每个企业的每个季度为一行记录
- 每个报表指标为一个字段
- 报表年份、报表季度均为一个字段

利润表　资产负债表　现金流量表

方案三：
- 一个年份的一个季度为一张表
- 每个企业的当季报告为一行记录
- 每个报表指标为一个字段
- 报表维度（如利润表）为一个字段

2019Q1　2019Q4　2018Q4

图 3-41　三种设计方案

【实训任务一】数据库的表设计

你会使用哪种方案？这三种方案的共同特点有哪些？

【实训任务二】单企业采集：江西铜业 2021 年年报数据

（1）查看示例代码，找到 Python 脚本所引入的库。

（2）在 code 里修改代码，定义要采集的企业为江西铜业，输入该企业的以下信息：交易代码、企业简称、首字母。

（3）在 year 列表中修改采集的报表年份为 2021。

（4）在 report_period_id 里定义要采集的报表季度（5000 为年报）。

（5）点击【运行】按钮。

（6）等待运行日志提示数据采集完成后，点击【查看数据】，查看数据内容是否合适。

【实训任务三】多企业单表采集

（1）引入数据采集所需要的包。

（2）定义要采集的多家企业，参照示例代码内容，"（）"内为一个企业，用英文逗号分隔。

（3）定义要采集的报表类型（季度）。

（4）定义要采集的 URL。

（5）设置数据存储所使用的 MySQL 服务器。

（6）通过 code 列表中定义好的企业交易代码来进行 for 循环。

（7）在企业循环中嵌套报告类型的 for 循环。

（8）点击下方的【运行】按键。

（9）在出现运行完成的提示后，查看采集结果数据。

示例代码如下：

```
import json

import urllib.request

import pymysql

# 多企业 改为 单个企业数据采集

code=[("600000","浦发银行","pfyh"),("600016","民生银行","msyh")]

#定义 year

year = ["2014","2015","2016"]

#report_period_id = ["5000","4400","4000","1000"]  #5000 年报 4400 三季
度报 1000 半年报

report_period_id = ["5000"] #先以年报调试

#爬取链接

url=["http://10.10.16.87:18118/security.info.get"]

# 链接 sql

db = pymysql.connect(host = 'localhost',

port =3306,

user = 'seentao',

passwd = 'seentao',

db = 'spider',
```

```
charset = 'utf8'
)
# 使用 cursor() 方法创建一个游标对象
cursor cursor = db.cursor()
```

（三）多企业多表财报数据采集实战

1. 上交所网站接口观察

（1）使用 chrome 浏览器打开上交所仿真网站，随意打开任意财报详情页。

（2）按【F12】键调出开发者模式窗口。

（3）将开发模式窗口切换到 Network 标签页，选择 XHR 子标签。

（4）点击网页中不同的报表，注意查看开发模式窗口中新出现的地址。

（5）点击新出现的地址，选择 Preview 标签，确认其中的内容是我们所需要采集的数据，确定的话就可以将这个地址填写到 Python 代码里的 URL 内（图 3-42）。

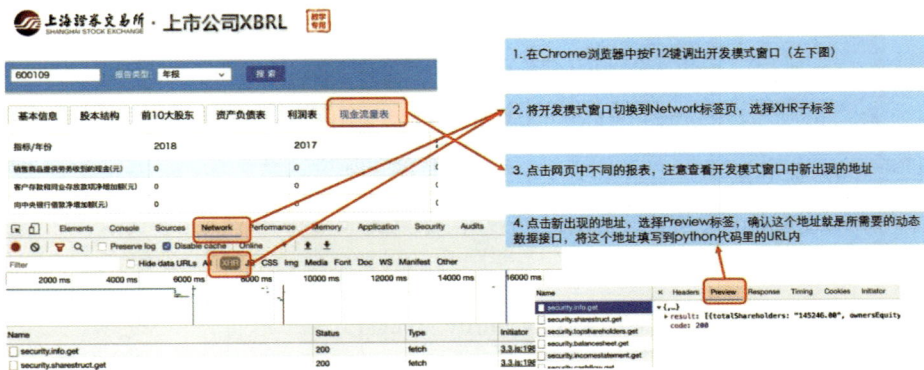

图 3-42　查找数据接口的步骤

2. 多企业多表采集代码

示例代码如下：

```
# 多企业 改为 单个企业 数据采集
code=[("600000","浦发银行","pfyh"),("600016","民生银行","msyh" )]
```

```
#定义 year
year = ["2014","2015","2016"]
#report_period_id =["5000","4400","4000","1000"] #5000 年报 4400 三季度
报 1000 半年报 report_period_id = ["5000"]
# 先以年报调试#爬取链接
url=["http://10.10.16.87:18118/security.info.get"]
# 链接 sql
db = pymysql.connect(host = 'localhost',
port =3306,
user = 'seentao',
passwd = 'seentao',
db = 'spider',
charset = 'utf8'
# 使用 cursor() 方法创建一个游标对象
cursor cursor = db.cursor()
```

（1）引入数据采集所需要的包。

（2）定义要采集的多家企业，参照示例代码内容，"（）"内为一个
企业，用英文逗号分隔。

（3）定义要采集的报表类型（季度）。

（4）定义要采集的 URL，注意不同的采集表对应不同的 URL。

（5）设置数据存储所使用的 MySQL 服务器。

（6）通过 code 列表中定义好的企业交易代码来进行 for 循环。

（7）在企业循环中嵌套报告类型的 for 循环。

（8）点击下方的【运行】按键。

（9）在出现运行完成的提示后，查看采集结果数据（图 3-43）。

教学班ID	用户ID	报表ID	交易代码	公司法定中文名称	公司法定代表人	公司注册地址
370153813746664704	36690728447901696	60000050002015	600000	上海浦东发展银行股份有限公司	吉晓辉	中国-上海市中山东一路12号
370153813746664704	36690728447901696	60000050002015	600000	上海浦东发展银行股份有限公司	吉晓辉	中国-上海市中山东一路13号
370153813746664704	36690728447901696	60000050002014	600000	上海浦东发展银行股份有限公司	吉晓辉	中国-上海市中山东一路14号
370153813746664704	36690728447901696	60000050002016	600000	上海浦东发展银行股份有限公司	吉晓辉	中国-上海市中山东一路15号
370153813746664704	36690728447901696	60000050002015	600000	上海浦东发展银行股份有限公司	吉晓辉	中国-上海市中山东一路16号
370153813746664704	36690728447901696	60000050002014	600000	上海浦东发展银行股份有限公司	吉晓辉	中国-上海市中山东一路17号
370153813746664704	36690728447901696	60010450002016	600104	上海汽车集团股份有限公司	陈虹	中国(上海)自由贸易试验区松涛路563号1号楼
370153813746664704	36690728447901696	60010450002015	600104	上海汽车集团股份有限公司	陈虹	中国(上海)自由贸易试验区松涛路563号2号楼
370153813746664704	36690728447901696	60010450002014	600104	上海汽车集团股份有限公司	陈虹	中国上海浦东张江高科技园区松涛路563号1号楼

图3-43 采集结果数据图

【实训任务】多家企业的财务报表

采集4家企业的2017—2020年度所有报告类型的基本信息表、资产负债表、现金流量表和利润表。

（1）在code中添加多家企业信息，用"交易代码"，"企业简称"，"缩写字母"形式添加企业。

（2）year里设置2017—2020年，用"年份"，分隔。

（3）基本信息表：在URL里设置info.get地址；

资产负债表：在URL里设置balancesheet.get地址；

利润表：在URL里设置incomestatement.get地址。

第4章 财务数据预处理实战：清洗与处理

【本章目标】

◉ 掌握数据清洗的概念和方法

◉ 能够运用工具对数据进行清洗

◉ 能够运用工具进行数据集成

【学习重点、难点】

重点：

◉ 数据清洗设计

◉ 数据集成的主要内容

难点：

◉ 数据关联与数据合并

一、数据清洗的概念与方法

（一）数据清洗的基本概念

数据清洗是指发现并纠正数据文件中可识别的错误的最后一道程序，包括检查数据一致性、处理无效值和缺失值等。

数据清洗（Data cleaning）是对数据进行重新审查和校验的过程，目的在于删除重复信息、纠正存在的错误，并提高数据一致性。

因为数据仓库中的数据是面向某一主题的数据的集合，这些数据从多个业务系统中抽取而来而且包含历史数据，这样就避免不了有的数据是错误数据、有的数据相互之间有冲突，这些错误的或有冲突的数据显然是我们不想要的，称为"脏数据"。我们要按照一定的规则把"脏数据""洗掉"，这就是数据清洗。

（二）数据清洗的必要性

数据清洗占据了数据分析师80%的时间，因为数据中有很多"脏数据"。这些"脏数据"是怎么来的呢？原因是多种多样的，最根本的原因就是数据的来源多样，导致数据的标准、格式、统计方法不一样。此外，数据录入和计算中的代码错误也是不可避免的因素。

（三）数据清洗的主要内容

数据清洗的主要内容有：缺失值清洗、格式内容清洗、逻辑错误清洗、非需求性数据清洗、关联性验证。

1.缺失值清洗

缺失值是数据清洗中比较常见的问题。处理缺失值有很多方法，主要方法有：

（1）确定缺失值范围。对每个字段都计算其缺失值比例，然后按照缺失值比例和字段重要性，分别制定策略。

（2）直接删掉不需要的字段。但建议每清洗一步都备份一下，或者在小规模数据上试验成功再处理全量数据，不然删错了会追悔莫及。

（3）填充缺失内容。以业务知识或经验推测填充缺失值；以同一指标的计算结果（均值、中位数、众数等）填充缺失值；以不同指标的计算结果填充缺失值。

（4）重新取数。如果某些指标非常重要但缺失率高，那就需要与取数人员或业务人员沟通，了解是否有其他渠道可以获取相关数据。

2. 格式内容清洗

如果数据是由系统日志而来，那么通常在格式和内容方面，会与元数据的描述一致，而如果数据是由人工收集或用户填写而来，则有很大可能性在格式和内容上存在一些问题。简单来说，格式、内容问题有以下几类：

（1）时间、日期、数值、全半角等显示格式不一致。这种问题通常与输入端有关，在整合多来源数据时也有可能遇到，将其处理成一致的某种格式即可。

（2）内容中有不该存在的字符。去除不需要的字符即可。

（3）内容与该字段应有的内容不符。比如姓名写了性别，身份证号写了手机号等，均属这种问题。但该问题的特殊性在于，并不能简单地删除来处理，因为有可能是人工填写错误，也有可能是前端没有校验，还有可能是导入数据时部分或全部存在列没有对齐的问题，因此要详细识别问题类型。

3. 逻辑错误清洗

使用简单逻辑推理就可以直接发现问题数据，防止分析结果走偏。

（1）去重（去除重复值）。有的分析师喜欢把去重放在第一步，但建议把去重放在格式内容清洗之后，比如：多个空格导致工具认为"陈丹奕"和"陈丹奕"不是一个人，去重失败）。

（2）去除不合理值。比如：有人填表时随意填写，年龄 200 岁，年收入 100000 万（估计是没看见"万"字）。这种要么删掉，要么按缺失值处理。

（3）修正矛盾内容。比如：身份证号是 11010319800209****，年龄填的是 18 岁。这时候需要根据字段的数据来源来判定哪个字段提供的信息更为可靠，去除或重构不可靠的字段。

4. 非需求性数据清洗

这一步说起来非常简单：把不必要的字段删了。但实际操作起来有很多问题，例如：把看上去不需要但实际上对业务很重要的字段删了；某个字段觉得有用，但又没想好怎么用，不知道是否该删；一时看走眼，删错字段了。

前两种情况的建议是：如果数据量没有大到无法处理的程度，那么能不删的字段尽量不删。对于第三种情况，请务必定期备份数据。

5.关联性验证

如果你的数据有多个来源，那么有必要进行关联性验证。例如，你既有汽车的线下购买信息，也有电话客服问卷信息，两者通过姓名和手机号关联。这时需要检查，同一个人在线下登记的车辆信息和线上问卷中提供的车辆信息是不是同一辆。如果不是，那么需要调整或删除数据。

（四）数据清洗设计

数据清洗不是一次性工作，需要多次、多环节进行。因此，要做好数据清洗、保证数据质量，首先要设计或了解整个数据处理的流程。在了解了数据流程后，再在相应的环节中设计数据清洗的流程。

1.数据清洗遵循原则

少量数据时，先对数据进行合并、连接，再进行数据清洗；

大数据源接入时，先按照统一标准清洗数据，再进行接入；

当有多个计算层时，先清洗每个数据计算层再计算；

分析结果发现问题时，向前溯源，新增、修订清洗规则。

2.数据清洗设计原则

一个清洗步骤用一条清洗规则；

进行多拆分清洗时，每个步骤进行数据备份，方便出问题时回退；

一般先做全局清洗（即对全部数据进行清洗），再做个别字段的清洗；

清洗的输出结果不要直接放在正式数据流或正式文件中，可先用测试环境或临时文件充分验证后再应用于正式环境。

【实训任务一】某公司门店销售数据清洗

案例背景：

　　B 公司是一家销售办公用品、办公家具和办公电子设备的公司，旗下有多家直营店。每月月底，各直营店都会向财务提供本月的销售数据表。现在公司的财务分析师手上有一份汇总多年的销售数据表，分析师需要根据此表进行客户维度和产品维度的销售分析。在分析前，先要对这份数据表进行数据清洗。

　　任务目标：

　　对给定的数据表进行清洗，要求将表中单元格为空值和"–"的替换为 0，将表中的"客户 ID"拆分为两列，为"客户名称"和"客户 ID"，将"产品名称"拆分为三列，分别为"品牌""品名""规格"。

　　任务实现：

　　扫码登录新道大数据教学平台，根据平台中任务指南完成操作。

二、数据集成

（一）数据集成的概念

　　从广义上来说，在企业中，由于开发时间或开发部门的不同，往往有多个异构的、运行在不同软硬件平台上的信息系统同时运行，这些系统的数据源彼此独立、相互封闭，使得数据难以在系统之间交流、共享和融合，从而形成了"信息孤岛"。随着信息化应用的不断深入，企业内部、企业与外部信息交互的需求日益强烈，急需对已有信息进行整合，以打破"信息孤岛"，共享数据信息。这一系列信息数据整合方案被称为数据集成。

　　从狭义上来说，数据集成是一个数据整合的过程，就是指将多份数据合并成数据集的过程和方法。通过综合各数据源，将拥有不同结构、不同属性的数据合并，存放在一个一致的数据存储中，如存放在数据仓库中。这些数据源可能包括多个数据库、数据立方体或一般文件，以产生更高的数据价值和更丰富的数据。

数据集成最常见的两种方法为数据关联与数据合并。前者用于将不同数据内容的表格根据条件进行左右连接，后者用于将相同或相似数据内容的表格进行上下连接，如图4-1所示。

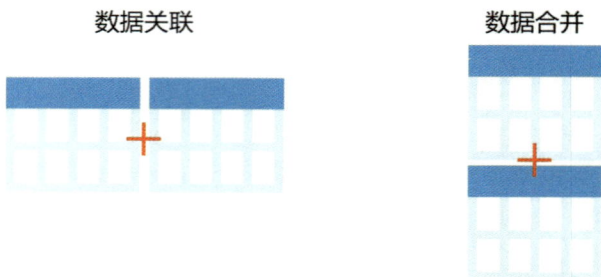

图4-1 数据集成的两种方法

（二）数据集成的主要内容

1.数据关联

（1）数据关联的概念。

数据关联必须要有关联条件，一般是指左表的主键或其他唯一约束字段（即没有重复值）与右表的主键或其他唯一约束字段相等（相同），即表之间有关键字段（列名），不同的表根据列名将数据进行关联。如表A、表B都有共同的字段ID，通过ID将表A与表B进行连接，如图4-2所示。

图4-2 数据关联

（2）数据关联的方式。

数据关联有四种方式：左连接（left join）、右连接（right join）、内连接（inner join）、全连接（full join），如图4-3所示。

图4-3　数据关联的四种方式

①左连接。左连接是以左表为基础，根据两表的关联条件将两表连接起来。结果会将左表所有的数据条目列出，而右表只列出与左表关联条件满足的部分。左连接全称为左外连接，属于外连接的一种方式，如图4-4所示。

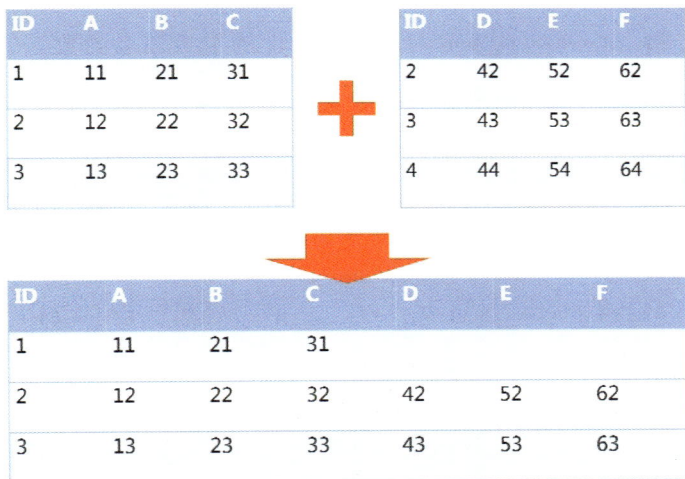

ID	A	B	C
1	11	21	31
2	12	22	32
3	13	23	33

ID	D	E	F
2	42	52	62
3	43	53	63
4	44	54	64

ID	A	B	C	D	E	F
1	11	21	31			
2	12	22	32	42	52	62
3	13	23	33	43	53	63

图4-4　左连接

②右连接。右连接是以右表为基础，根据两表的关联条件将两表连接起来。结果会将右表所有的数据条目列出，而左表只列出与右表关联条件满足的部分。右连接全称为右外连接，属于外连接的一种方式，如图4-5所示。

ID	A	B	C
1	11	21	31
2	12	22	32
3	13	23	33

＋

ID	D	E	F
2	42	52	62
3	43	53	63
4	44	54	64

ID	A	B	C	D	E	F
2	12	22	32	42	52	62
3	13	23	33	43	53	63
4				44	54	64

图4-5　右连接

③内连接。内连接只显示满足关联条件的左右两表的数据记录，不符合条件的数据不显示，如图4-6所示。

ID	A	B	C
1	11	21	31
2	12	22	32
3	13	23	33

＋

ID	D	E	F
2	42	52	62
3	43	53	63
4	44	54	64

ID	A	B	C	D	E	F
2	12	22	32	42	52	62
3	13	23	33	43	53	63

图4-6　内连接

④全连接。全连接是将满足关联条件的左右两表数据相连，不满足条件的各表数据仍保留，两表之间无对应数据的内容为空值，如图4-7所示。

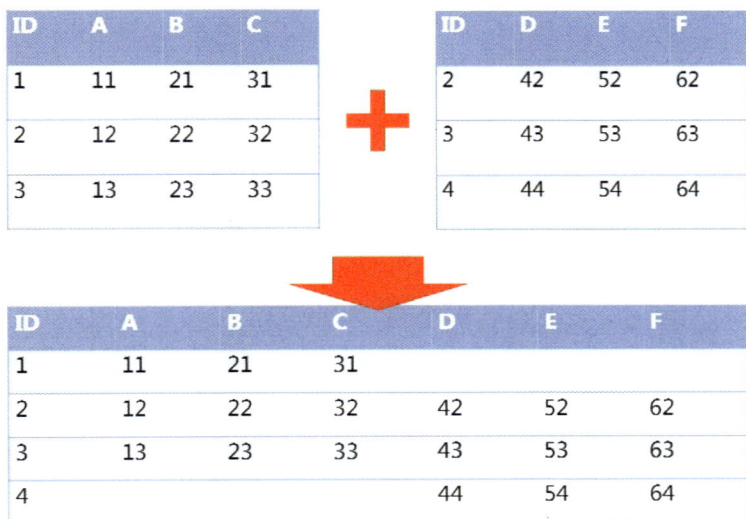

ID	A	B	C
1	11	21	31
2	12	22	32
3	13	23	33

ID	D	E	F
2	42	52	62
3	43	53	63
4	44	54	64

ID	A	B	C	D	E	F
1	11	21	31			
2	12	22	32	42	52	62
3	13	23	33	43	53	63
4				44	54	64

图4-7　全连接

数据关联时需要注意的问题：笛卡尔积现象。

数据关联时如果关联条件设置不当，极有可能出现笛卡尔积现象。在数学中，两个集合X和Y的笛卡尔积（Cartesian product），又称直积，表示为X×Y。通俗地说就是指由两个集合中任意取出的两个元素构成的所有组合的集合。

当两表进行连接查询时，如果没有任何条件进行限制，最终的查询结果条数将是两表记录条数的乘积，如图4-8所示。

表A

ID	A	B	C
1	11	21	31
2	12	22	32
3	13	23	33

表B

ID	D	E	F
2	42	52	63
3	43	53	63
4	44	54	64

ID	A	B	C	ID	D	E	F
1	11	21	31	2	42	52	63
1	11	21	31	3	43	53	63
1	11	21	31	4	44	54	64
2	12	22	32	2	42	52	63
2	12	22	32	3	43	53	63
2	12	22	32	4	44	54	64
3	13	23	33	2	42	52	63
3	13	23	33	3	43	53	63
3	13	23	33	4	44	54	64

图4-8　表A与表B的笛卡尔积

表A有3条记录，表B也有3条记录，将表A、B进行连接时会产生3条记录；但是将表A、B进行笛卡尔积则会产生9条记录（3×3）。

假设我们有一张利润表和一张资产负债表要做数据关联，每张表都有1万条数据，那么正常情况下，连接后的数据也在1万条左右。如果对这两个表做笛卡尔积就会产生1亿条数据（1万×1万），数据量增加了1万倍。这个计算量相当惊人，关联的数据量级变高，计算量将会呈指数级增长。

为了避免在两表连接时返回笛卡尔积，必须确保至少一方表的数据是唯一的，或是在做连接的时候加上数据关联条件。否则，在能查到记录的情况下，不论使用哪一种连接方式，都一定会出现笛卡尔积现象。

2.数据合并

数据合并，也称数据追加，是指对多份字段基本完全相同的数据进行上下连接。

如有表 1 和表 2 两个数据库表格，它们两个对应的字段是相同的，那么可以对这两个表进行上下连接，如图 4-9 所示。

表 1

ID	A	B	C
1	11	21	31
2	12	22	32
3	13	23	33

表 2

ID	A	B	C
6	62	72	83
7	73	83	93
8	84	94	104

ID	A	B	C
1	11	21	31
2	12	22	32
3	13	23	33
6	62	72	83
7	73	83	93
8	84	94	104

图 4-9　数据合并

【实训任务二】某公司销售数据集成

案例背景：

B 公司的数据分析师要从省份和大区的维度统计清洗后的超市销售数据。数据表中只有"城市"的数据，没有省份和大区的数据（如图 4-10

所示）。

细分	城市	产品 ID	类别	子类别	品牌	销售额	数量	折扣	利润
公司	杭州	10002717	办公用品	用品	Fiskars	129.696	2	0.4	-60.704
消费者	内江	10004832	办公用品	信封	GlobeWeis	125.44	2	0	42.56
消费者	内江	10001505	办公用品	装订机	Cardinal	31.92	2	0.4	4.2
公司	镇江	10003746	办公用品	用品	Kleencut	321.216	4	0.4	-27.104
消费者	汕头	10003452	办公用品	器具	KitchenAid	1375.92	3	0	550.2
消费者	景德镇	10001640	技术	设备	柯尼卡	11129.58	9		3783.78
消费者	景德镇	10001029	办公用品	装订机	Ibico	479.92	2	0	172.76
消费者	景德镇	10000578	家具	椅子	SAFCO	8659.84	4	0	2684.08
消费者	景德镇	10001629	办公用品	纸张	GreenBar	588	5	0	46.9
消费者	景德镇	10004801	办公用品	系固件	Stockwell	154.28	2	0	33.88
小型企业	榆林	10000001	技术	设备	爱普生	434.28	2	0	4.2
消费者	哈尔滨	10002416	技术	复印机	惠普	2368.8	4	0	639.52
消费者	青岛	10000017	办公用品	信封	Jiffy	683.76	3	0	88.62
消费者	青岛	10004920	技术	配件	SanDisk	1326.5	5	0	344.4
消费者	青岛	10004349	技术	电话	诺基亚	5936.56	2	0	2849.28
公司	徐州	10003582	办公用品	器具	KitchenAid	10336.452	7	0.4	-3962.728
公司	徐州	10004648	办公用品	标签	Novimex	85.26	3	0	38.22
消费者	上海	10001200	技术	配件	Memorex	2330.44	7	0	1071.14
消费者	上海	10000039	办公用品	用品	Acme	85.54	1		23.94
消费者	上海	10004589	办公用品	装订机	Avery	137.9	5	0	2.1
消费者	上海	10004369	办公用品	装订机	Cardinal	397.32	6	0	126.84
消费者	上海	10002777	技术	电话	三星	[illegible]	7		[illegible]

图 4-10　超市销售情况

为此，数据分析师做了两张表：城市表和省区表。城市表是城市和省区的对应表，超市销售情况表中的每一个城市都有对应的省区，如图 4-11 所示。

城市	省/自治区
安庆	安徽
蚌埠	安徽
亳州	安徽
巢湖	安徽
池州	安徽
滁州	安徽
阜阳	安徽
合肥	安徽
淮北	安徽
淮南	安徽
黄山	安徽
界首	安徽
鹿城	安徽
明光	安徽
濉溪	安徽
唐寨	安徽
铜陵	安徽
无城	安徽
芜湖	安徽

图 4-11　城市表

省区表是省份和大区的对应表，每一个省份都对应了所属的大区，如图 4-12 所示。

省/自治区	地区
安徽	华东
澳门	台港澳
北京	华北
福建	华东
甘肃	西北
广东	中南
广西	中南
贵州	西南
海南	中南
河北	华北
河南	中南
黑龙江	东北
湖北	中南
湖南	中南
吉林	东北
江苏	华东
江西	华东
辽宁	东北
内蒙古	华北

图4-12　省区表

任务目标：

将超市数据与地区数据关联，"超市销售情况表"上增加"省份"列和"地区"列，与"城市"列相匹配。

第5章 企业预算管理与资金分析

【本章目标】

● 掌握预算管理的概念和方法

● 了解大数据对企业预算管理的影响

● 了解全面预算体系的建设方法

● 掌握资金分析的框架结构

【学习重点、难点】

重点：

● 预算管理的概念和方法

● 资金分析的框架结构和方法

难点：

● 预算管理的编制方法

● 资金分析的内容与分析方法

● 资金预测的方法

一、预算管理

（一）什么是预算管理

预算是企业内部管理控制的一种主要方法，它连接公司战略计划和经营控制，是企业管理中必不可少的工具之一。

预算管理是为达成企业的战略目标，在预测和决策基础上，对一段时间内资金的取得和投放、经验成果及其分配，以及各项收入和支出等资金使用进行的具体安排。

实施全面预算管理可以更好地降低企业生产成本，提高企业经济效益。

（二）编制方法及优缺点

1. 滚动预算

（1）概念。

滚动预算法又称连续预算法或永续预算法，是在上期预算完成情况的基础上，调整和编制下期预算，并将预算期间逐期连续向后推移，使预算期间保持一定的时期跨度。

（2）方法。

采用滚动预算法编制预算，按照滚动的时间单位不同可分为逐月滚动方式、逐季滚动方式和混合滚动方式。

逐月滚动方式是指在预算编制过程中，以月份为预算的编制和滚动单位，每个月调整一次预算。

如在 20×1 年 1 月至 12 月的预算执行过程中，需要在 1 月末根据当月预算的执行情况，修订 2 月至 12 月的预算，同时补充下一年 20×2 年 1 月的预算；到 2 月末可根据当月预算的执行情况，修订 3 月至 20×2 年 1 月的预算，同时补充 20×2 年 2 月的预算；以此类推。

逐月滚动预算方式示意图如图5-1所示。

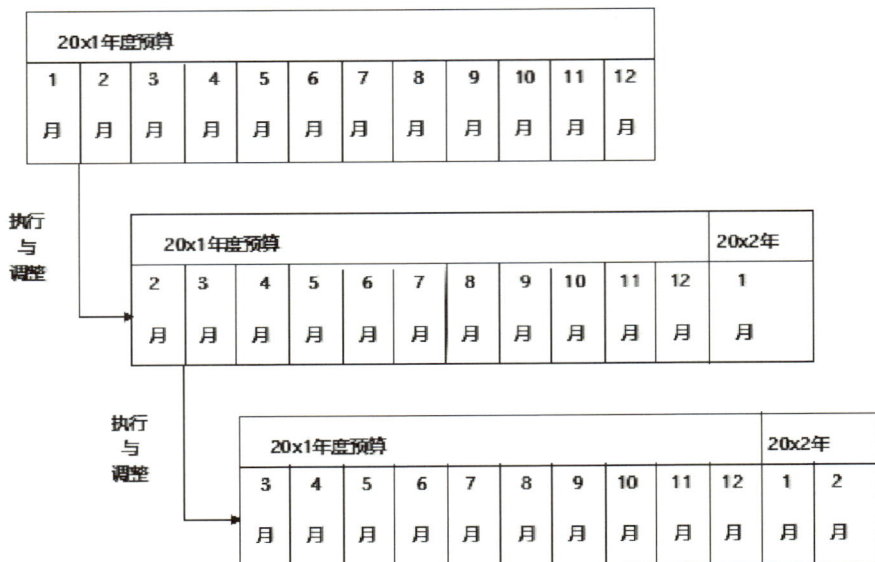

图5-1 逐月滚动预算方式示意图

按照逐月滚动方式编制的预算比较精确，但工作量较大。

逐季滚动方式是指在预算编制过程中，以季度为预算的编制和滚动单位，每个季度调整一次预算。

逐季滚动编制的预算比逐月滚动的工作量小，但精确度较差。

混合滚动方式是指在预算编制过程中，同时以月份和季度作为预算的编制和滚动单位。这种预算方法的理论依据是：人们对未来的了解程度存在差异，通常对近期的预测把握较大，对远期的预测把握较小。混合滚动预算方式示意图如图5-2所示。

20x1年度预算					
第一季度			第二季度	第三季度	第四季度
1月	2月	3月	预算总数	预算总数	预算总数

执行与调整

20x1年度预算					20x2年
第二季度			第三季度	第四季度	第一季度
4月	5月	6月	预算总数	预算总数	预算总数

执行与调整

20x1年度预算				20x2年	
第三季度			第四季度	第一季度	第二季度
7月	8月	9月	预算总数	预算总数	预算总数

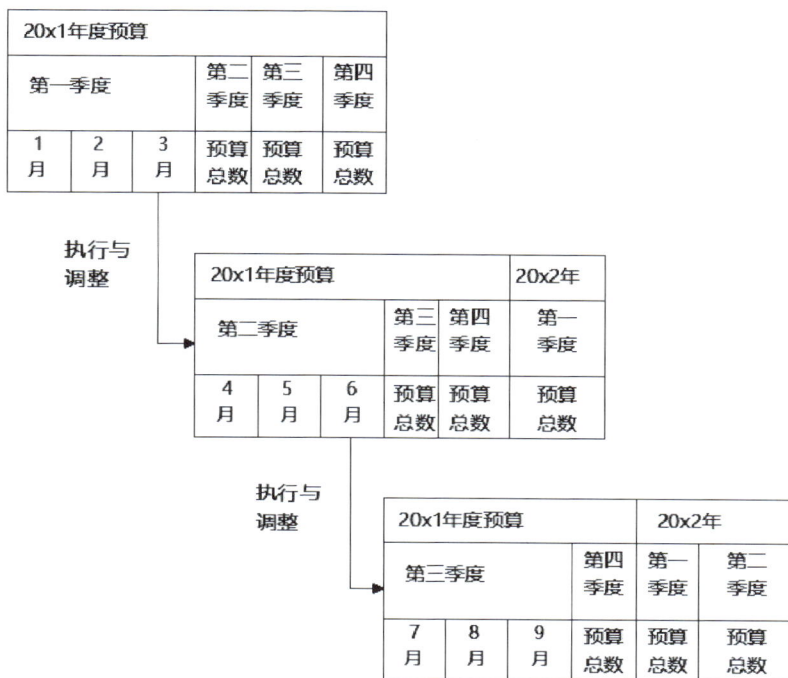

图 5-2　混合滚动预算方式示意图

（3）优缺点。

优点：运用滚动预算法编制预算，使预算期间依时间顺序向后滚动，能够保持预算的持续性，有利于结合企业近期目标和长期目标考虑未来业务活动；使预算随时间的推进不断加以调整和修订，从而使预算与实际情况更适应，有利于充分发挥预算的指导和控制作用。

缺点：编制工作量大。

2.弹性预算

（1）概念。

弹性预算法又称动态预算法，是在成本性态分析的基础上，依据业务量、成本和利润之间的联动关系，按照预算期内相关的业务量（如生产量、销售量、工时等）水平计算其相应预算项目所消耗资源的预算编制方法。

理论上，该方法适用于编制全面预算中所有与业务量有关的预算，但实务中主要用于编制成本费用预算和利润预算，尤其是成本费用预算。

编制弹性预算时要选用一个最能代表生产经营活动水平的业务量计量单位。例如，以手工操作为主的车间，就应选用人工工时；制造单一产品或零件的部门，可以选用实物数量；修理部门可以选用直接修理工时等。

弹性预算法所采用的业务量范围根据企业或部门的业务量变化情况而定，务必使实际业务量不至于超出相关的业务量范围。一般来说，业务量范围可定在正常生产能力的70%~110%，或以历史上最高业务量和最低业务量为其上下限。弹性预算法编制预算的准确性在很大程度上取决于成本性态分析的可靠性。

与按特定业务量水平编制的固定预算相比，弹性预算有两个显著特点：弹性预算是按一系列业务量水平编制的，从而扩大了预算的适用范围；弹性预算是按成本性态分类列示的，在预算执行中可以计算一定实际业务量的预算成本，以便于预算执行的评价和考核。

运用弹性预算法编制预算的基本步骤是：

①选择业务量的计量单位。

②确定适用的业务量范围。

③逐项研究并确定各项成本和业务量之间的数量关系。

④计算各项预算成本，并用一定的方式来表达。

（2）方法。

弹性预算法又分为公式法和列表法两种。

公式法是运用总成本性态模型，测算预算期的成本费用数额，并编制成本费用预算的方法。根据成本性态，成本与业务量之间的数量关系可用公式表示为：

$y=a+bx$

其中，y表示某项成本预算总额，a表示该项成本中的固定成本预算总额，b表示该项成本的单位变动成本预算额，x表示预计业务量。

【例1】某企业制造费用中的修理费用与修理工时密切相关。经测算，预算期修理费用中的固定修理费用为3000元，单位工时的变动修理费用为

2 元；预计预算期的修理工时为 3500 小时。运用公式法，测算预算期的修理费用总额为：3000+2×3500=10000（元）。

因为任何成本都可用公式 $y=a+bx$ 来近似地表示，所以，只要在预算中列示 a（固定成本）和 b（单位变动成本），便可随时利用公式计算任一业务量（x）的预算成本（y）。

【例 2】A 企业经过分析得出某种产品的制造费用与人工工时密切相关，采用公式法编制的制造费用预算如表 5-1 所示。

表 5-1　制造费用预算（公式法）

业务量范围	420~660（人工工时）	
费用项目	固定费用（元/月）	变动费用（元/人工工时）
运输费用		0.2
电力费用		1
材料费用		0.1
修理费用	85	0.85
油料费用	108	0.2
折旧费用	300	
人工费用	100	
合计	593	2.35
备注	当业务量超过 600 工时后，修理费用中的固定费用将由 85 元上升为 185 元	

公式法的优点是便于计算任何业务量的预算成本。但是，阶梯成本和曲线成本必须通过数学方法修正为直线，才能应用公式法。必要时，还需在"备注"中说明适用不同业务量范围的固定费用和单位变动费用。

列表法是在预计的业务量范围内将业务量分为若干个水平，然后按不同的业务量水平编制预算。

应用列表法编制预算时，首先要在确定的业务量范围内划分出若干个不同的水平，然后分别计算各项预算值，最后将这些预算值汇总列入一个预算表格中。

【例3】A企业采用列表法编制的20×6年6月制造费用预算如表5-2所示。

表5-2 制造费用预算（列表法）

业务量（直接人工工时）	420	480	540	600	660
占正常生产能力百分比	70%	80%	90%	100%	110%
变动成本：					
运输费用(b=0.2)	84	96	108	120	132
电力费用(b=1)	420	480	540	600	660
材料费用(b=0.1)	42	48	54	60	66
合计	546	624	702	780	858
混合成本：					
修理费用	442	493	544	595	746
油料费用	192	204	216	228	240
合计	634	697	760	823	986
固定成本：					
折扣费用	300	300	300	300	300
人工费用	100	100	100	100	100
合计	400	400	400	400	400
总计	1580	1721	1862	2003	2244

就表5-2提供的资料来说，如若仅按600小时直接人工工时来编制，就成为固定预算，其总额为2003元。这种预算只有在实际业务量接近600小时的情况下，才能发挥作用。如果实际业务量与作为预算基础的600小时相差很多，而仍用2003元去控制和评价成本，显然是不合适的。在表5-2中，分别列示了5种业务量水平的成本预算数据。根据企业情况，也可以按更多的业务量水平来列示。这样，无论实际业务量达到何种水平，都有适用的一套成本数据来发挥控制作用。

如果固定预算法是按600小时编制的，成本总额为2003元。在实际业务量为 500 小时的情况下，不能用 2003 元去评价实际成本的高低，也不能按业务量变动的比例调整后的预算成本 1669 元（2003×500/600）去考核实际成本，因为并不是所有的成本都一定同业务量呈正比例关系。

如果采用弹性预算法，就可以根据各项成本同业务量的不同关系，采用不同方法确定"实际业务量的预算成本"，去评价和考核实际成本。例如，实际业务量为 500 小时，运输费用等各项变动成本可用实际工时数乘以单位业务量变动成本来计算，即变动总成本为 650 元（500×0.2+500×1+500×0.1）。固定总成本不随业务量变动，仍为 400 元。混合成本可用内插法逐项计算：500 小时处在 480 小时和 540 小时两个水平之间，修理费用应该在 493 元和 544 元之间。设实际业务的预算修理费用为 x 元，则：

$$\frac{500 - 480}{540 - 480} = \frac{x - 493}{544 - 493}$$

解得 x=500 元

油料费用在 480 小时和 540 小时时分别为 204 元和 216 元，500 小时时应为 208 元。可见：

500 小时预算成本=（0.2+1+0.1）×500+510+208+400=1768（元）

这样计算出来的预算成本比较符合成本的变动规律，可以用来评价和考核实际成本，比较确切并容易为被考核人所接受。

（3）优缺点。

优点：一方面，能够适应不同经营活动情况的变化，扩大预算的范围，更好地发挥预算的控制作用，避免在实际情况变化时频繁修改预算；另一方面，能够使预算对实际执行情况的评价与考核建立在更加客观和可比的基础上。

缺点：运用多水平法弹性预算评价和考核实际成本时，往往需要使用插补法来计算"实际业务量的预算成本"，比较麻烦。

（三）预算管理的利弊

优点：

（1）制订计划。预算有助于管理者通过计划具体的行为来确定可行的目标，同时能使管理者考虑各种可能的情形。

（2）促进合作与交流。总预算能协调组织的活动，使得管理者全盘考虑整个价值链之间的相互联系。

（3）有助于业绩评价。预算管理是体现企业业绩的一种有效管理模式。

（4）激励员工。可以激励员工完成企业的目标。此外，想要做好企业的预算管理，就一定要使用高质量的预算管理系统。

缺点：

预算管理也有其局限性，因为预算是在预算期前编制并获得通过的，环境变化可能会影响预算的执行效果。虽然预算管理在企业管理中处于很重要的地位，但不能替代企业管理的全部职能。因此，企业需要使用高质量的全面预算管理系统来管理企业。

总之，虽然预算管理存在一些缺点，但是它的优点远多于缺点。预算管理所具有的优点是其他管理方式所无法比拟的，许多领导者已经认识到预算管理的效果及其优势。因此，越来越多的企业开始采用预算管理，应用范围不断扩大，同时也取得了很大的成就。

二、大数据对预算的影响

（一）大数据如何影响滚动预算

1.大数据提升了滚动预算结果的精准度

编制滚动预算能够提高整体运营效率，而大数据能够更好应对复杂多变的社会经济形势。编制滚动预算的目的是动态预测未来运营中市场开拓、资源占用、资金匹配等各要素的处理能力。通过编制预算，企业可以加强内部控制管理，从而提升整体运行效率。在具体操作上，需要确定公司的经营能力，包括财务能力、市场容量、费用政策、业务结构、现金流量分布，以及资金运用安排和固定资产结构。基于上述数据，企业可以规划未来各环节的管控，而大数据通过对同类行业数据的取得和分析，对比海量消费数据来判断外部市场的变化。这有利于及时调整预算数据，纠正运营中的偏差，此外，运用大数据进行滚动预算，既可以预测经营中的整体运行效果，又可以有针对性地对市场、成本、人工进行预测。借助外部数据的分析，使经营贴近市场，保证了信息获取的充分性，不会出现因为数据失真导致预算失败的状况。

2.大数据拓展了滚动预算预测的涵盖范围

在编制滚动预算时，时间长度和数据细分程度都是借鉴以往过去时段的经营状况来确定，利用的大多数是内部数据，并且一般以年度、季度为单位进行编制。传统预算编制方式本身对数据处理要求较高，同时在编制中还要假定经营是持续进行的、市场改变是逐步变化的，且业务数量不会瞬间出现极端变化等，而在实际运营中，各种极端状况都有可能遇到。传统预算剔除了波动情况，导致当经营环境和经济状况出现大幅波动时，预算数据无法跟上市场变化。加上预算时间跨度较大，不能有效纠正预算执行偏差。大数据的运用，强化了对外部数据的运算分析能力，使经营者更容易把握市场变化的脉搏，缩短预算时间，有利于全面量化分析经营中的各项指标，并更多地将外部数据用于预算服务。利用大数据可以大大缩短预算周期，也有利于提升运营的风险意识，加强对数据处理的重视程度。这使管理层更愿意根据市场反应编制滚动预算，并将分析视角外部化。

3.大数据改变了滚动预算的功能重点

传统预算管理重点包括预测计算和能力管理两个模块。通过预测计算，能够确定未来经营趋势，加强管理和内部控制。在执行中，通过数据分析辅助完成经营发展的目标，并在分析中逐步纠正偏差，以加强逐级逐层的控制管理。这样可以通过对数项的多维组合进行分析比较，找到管理弱点或匹配缺口，从而进行改进，为接下来的产品效益管理奠定基础。因此，传统预算管理更多的是利用内部数据进行处理分析，通过加强内控的方式来提升运营效率。大数据时代，将大数据分析纳入滚动预算中，更容易发现运营流程的标准模式，以整合出更科学的管理手段来提升运营效率。这样使滚动预算的重点转移到战略管理和市场运营管理上。利用互联网强大的数据库和数据处理能力，在提升传统产业效率和降低成本的同时，推动企业发展，使其具备大数据能力、基础计算存储能力、数据库检索、语义分析、深度学习等技术。同时企业也能了解自身在整个大数据生态链中的环境和位置，从而有利于经营的准确定位，及时调整运营战略。因此，利用大数据编制滚动预算有利于强化其战略地位，形成以市场为主导的营销运算分析模式。将大数据运用到滚动预算中，不仅增加了全面预算管理的弹性，也使得预测的结果更接近市场的真正需求。

（二）大数据如何影响弹性预算

1.选择业务计量单位更准确

选择业务计量单位是弹性预算基本的工作。在实务中，管理会计人员可能会根据经验和公司的惯例来选择适合的业务计量单位。例如，以手工操作为主的车间，就应选用人工工时；制造单一产品或零件的部门，可以选用实物数量。在实务中，计量单位比较复杂且不容易直观判断，如车间中手工操作与机器耗用相差无几。大数据技术的广泛应用可能会使我们改进现有的弹性预算法，更加高效准确地对企业进行预算，打破原有方法的一些限制。

2.公式法下公式的拟合度更高，降低了列表法难度

弹性预算的公式法是运用成本性态模型来预测预测期的成本费用，并编制成本费用预算，这样所形成的预算准确性不高。在大数据时代，企业可以利用大数据技术，在成本性态分析的基础上拟合出更好的成本曲线。这不仅仅是对成本性态的分析，更是对已有海量数据价值的挖掘。企业可以从海量数据中提取出需要的业务量及它们对应的成本额，用计算机技术把这些数据点描绘在一个坐标图上，作为预算公式的依据。列表法是在预

计的业务量范围内将业务量分为若干个水平，然后按不同的业务量水平编制预算。列表法虽可以不必经过计算即可找到与业务量相近的预算成本，但在评价和考核实际成本时往往需要使用插补法。大数据技术拟合出的曲线能有效地进行预算，降低列表法的难度。

3.加大了预算范围

理论上，弹性预算法适用于所有与业务量有关的预算。但是实务中，它主要用于编制成本费用预算和利润预算。对于一些如销售预算等不便于利用成本性态模型分析的预算，可通过大数据技术获取上年度的相关数据建模分析，得出所要的预算，以此来扩大预算的范围。这样可以使预算更加完整，以实现企业的总目标，减少因各级部门职责不同而出现的相互冲突的现象。

（三）大数据时代预算管理面临的机遇

1.实现预算参与者的全覆盖

全面预算的一个重要的特点就是全员参与，从理论上来说，全面预算应该是企业的所有员工自上而下、自下而上、互联互通、共同参与的一项管理活动。只有企业的所有业务部门和职能部门都参与到预算管理过程中来，全面预算才能真正地发挥其效果。但是，就传统的预算来看，参与者的全覆盖是很难做到的，大部分企业的预算都是由财务部门来主导的。其实财务部门主要负责的应该是财务预算，而财务预算只是全面预算系统工程中的一小部分，并且财务预算也必须依据企业经营预算、投资预算等。这种不能覆盖到每一个员工的预算实际上是不能有效达到管理的目标的。大数据时代，数据处理的高效性使企业能对业务数据进行详细的分解，让每个员工都能准确掌握自己的业务数据。这使得每个员工都可以成为一个独立的预算主体，企业的总体目标被层层分解到每个员工，内化为每个员工的目标。通过员工之间点和面的联系，企业得以构建起全面预算体系。可以说，在大数据时代，全体员工都能参与预算的编制、执行、调整及反馈的全过程，增强对企业决策的参与感，实现自己的内化目标，更积极主动地完成自己的工作任务。这也促进了企业的精益管理，最终推动企业愿景的实现。

2.加速预算管理流程的再造

全面预算涉及企业运营的全过程，包括采购、销售、生产、研发、售后及日常管理等。传统的预算编制，由于流程不清晰，往往在预算编制时各自为政，造成产供销的脱节，就算后续进行多方的协调，也不能厘清其中的关系。全面预算中企业的每一个部门需要围绕一个共同的任务，这就要求这些部门需要协调有序。在大数据时代，技术的进步可以使各部门在预算编制的过程中都明确自己的合理位置，明确业务的逻辑关系，从而有序地完成预算的编制。同时，在预算执行过程中，技术的进步使企业能实时得到各项财务数据，并通过实时与预算进行对比来考核运营过程的执行情况，及时发现企业在运营过程中实际运营情况与预算之间的偏差，从而根据实际情况作出适当的调整，确保企业的运营不偏离既定的目标。

3.促进预算编制方法的改进

大数据和云计算的发展显著提升了数据处理能力，促使预算编制方法从定期预算向滚动预算转变。定期预算以固定的会计期间（如日历年度）为基础，虽然编制简单，但存在诸多缺陷，如无法准确预测预算年度情况、难以及时调整预算，以及不适应持续的经营过程。而滚动预算则有效解决了这些问题。在大数据时代，数据处理能力的飞速提升减少了滚动预算的工作量，使其逐渐取代定期预算。同时，大数据和云计算帮助企业更有效地获取和分析客户信息，提升预测准确性，推动传统增量预算向零基预算转变。相较于增量预算，零基预算更能排除历史数据中的不合理因素，合理配置资源，并灵活应对内外环境变化，使预算编制更加符合实际情况。此外，大数据和云计算的进步使企业能够更准确地选择业务计量单位，科学分析成本特性，精确构建业务量与成本之间的关系。这一变化推动了预算方式从传统静态预算法向动态预算法转变，克服了固定预算法适应性差的问题，从而使预算更加准确，充分发挥预算的作用。

4.保障预算考核作用的提升

首先，在大数据时代，预算方法的革新使预算的准确性得到了极大提升，预算的评价功能得到了有力的保障。同时，技术的进步，数据处理能力的提升，使企业能实时获取其经营成果的情况，并能进行动态考核，而不需要像传统的业绩考核方式那样，需要等待年终决算之后才进行。其次，对考核结果进行实时反馈有利于各部门及全体员工及时了解自己的工作状况和成果，分析目前的状况和预期目标之间的差异，及时进行相应的调整。这将确保企业各项经济活动按照既定的目标开展，提高企业经营管理的效率。

（四）大数据时代预算管理面临的挑战

1.员工参与配合问题

在大数据时代，全面预算发生了巨大的变化，要真正发挥全面预算的作用，员工的参与配合是非常重要的。全面预算的发展对员工的素质提出了极高的要求。每一个员工都是一个预算主体，每一个业务环节都在预算的监控中，这难免给员工带来压力。对此，企业应像彼得·圣吉在《第五项修炼》一书中提出的那样，把建立"学习型组织"作为企业的一个基本目标。企业要建立共同的愿景，使员工有共同的目标，真正投入全面预算管理中去。鼓励员工不断学习，实现自我超越，掌握新知识、新技术、新方法，以适应全面预算对他们提出的高要求。同时，加强团队学习，让员工在团队中更快地进步，最终培养系统思考的能力，从而帮助员工用系统的思维去应对大数据时代全面预算带来的挑战。

2.财务数据安全问题

基于大数据技术的发展，大数据技术在为全面预算管理带来诸多便利的同时，也暴露出全面预算管理中的财务数据信息安全问题。例如，在大数据环境下，全面预算管理实现了网络集中化模式，但是网络的不确定性导致全面预算的相关数据容易被窃取。可能有不法分子利用财务信息系统漏洞窃取企业全面预算财务信息，导致企业的核心财务数据被窃取，影响企业的经营管理工作。另外，在大数据环境下，全面预算管理系统的实施要求必须做好原始数据的审核工作。但是，由于各种因素的制约，可能会出现篡改财务数据的现象，增加财务风险。

3.全面预算编制精准度问题

虽然大数据技术为全面预算管理提供了重要的平台，尤其是基于大数据技术的全面预算管理平台实现了业财深度融合，但是调查显示，企业在全面预算管理中出现了过度依赖于网络平台的现象，而缺乏财务职业判断的应用，这导致全面预算管理工作脱离企业的实际情况。例如，在企业全面预算编制时，企业完全依赖网络平台反馈的信息，导致全面预算编制完全照搬网络数据信息，忽视了财务人员主观判断的作用。这样就会忽视企业经营发展中的一些主观因素的影响，导致企业全面预算编制不符合企业的实际经营发展情况。

（五）大数据时代加强全面预算管理的对策

在大数据时代，全面预算管理面临着机遇与挑战。为进一步提升全面预算管理的工作质量，我们需要做好以下几项工作。

1.构建基于大数据技术的全面预算管理组织架构

基于大数据技术对全面预算管理工作的影响，为提高全面预算管理工作的质量，企业必须及时调整组织架构，设置与大数据技术相适应的全面预算管理组织架构。企业管理层要高度重视全面预算管理工作，根据大数据技术对全面预算管理工作的影响而优化组织架构。例如，基于全面预算管理信息系统的运用，企业要组建全面预算管理委员会（图5-3），由企业集团领导担任全面预算管理委员会主任，形成统一的管理格局。然后根据工作需要构建全面预算管理云平台，通过云平台实现对全面预算管理工作的统一规划，与子公司进行数据对接，并且实时进行预算反馈、监督及调整，以此简化多余的环节。

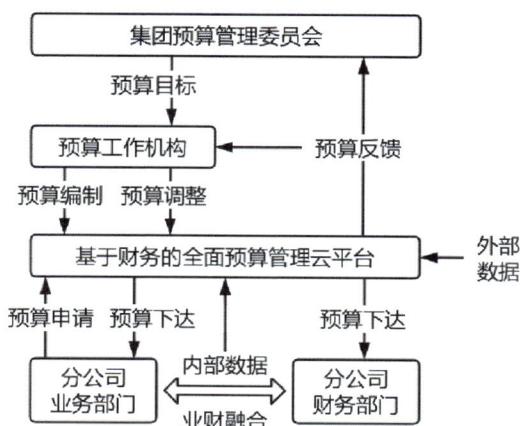

图5-3　基于大数据技术的全面预算管理组织体系

2.加强人员培训，提升财务人员操作大数据技术的能力

基于大数据技术对企业全面预算管理的影响，尽快构建与大数据技术相适应的全面预算管理体系，关键在于提升工作人员的素质。一是企业要加大对财务人员的教育培训，增强财务人员的专业技能。大数据对全面预算工作产生诸多影响，例如，大数据技术改变了传统的全面预算编制方法，实现了全过程的全面预算管理体系。因此，财务人员要加强学习，及时掌握相应的技术。例如，针对新企业会计制度的实施，企业要定期组织财务人员学习相应的法律法规知识，以确保在全面预算管理中正确运用各项法律法规。二是企业要积极开展实践指导，结合相关实践案例增强财务人员的业务操作能力。通过观察不难发现，当前企业在组织开展教育培训时主要侧重于理论教学，结果导致财务人员所学习的知识难以落实到实际工作中。为此，企业在开展培训时要结合相关案例进行分析，以此增强培训的实效性。

3.规范全面预算执行流程，实现全程动态监控

大数据技术为全程监控全面预算提供了重要技术支撑，因此，在大数据环境下企业要规范全面预算执行流程，以此防范财务风险。一是要规范全面预算审批流程。审批流程是全面预算管理的基础，在大数据技术环境下可以利用云系统实现全面预算审批的全程网络化，这样可以有效提升对

全面预算使用情况的监督，防止出现专项资金被挪为他用的现象。例如，企业可以将预算资金审批提交到网络系统中，这样审批人员可以按照相应的权限进行审批，从而实现相同岗位职责的分离要求。二是利用大数据技术实现对预算执行的全程监控。大数据技术可以对全面预算的执行情况进行监测，当预算执行情况不符合预算要求后，系统就会发出警告，从而有效保证了资金的安全。三是建立预警反馈机制。预警反馈机制是提高预算执行效果的重要手段。利用大数据技术构建预警反馈机制可以有效及时地调整预算执行情况，实现精准的全面预算控制。例如，信息化平台集成了各主要业务系统海量数据，构建了多维度、可扩展的大型数据仓库，为分析提供了数据支持。还可以利用大数据构建在线预警反馈体系，当企业的预算资金使用超出预定的金额之后，系统就会发出警示，相关人员按照预警要求进行分析，并及时作出调整。

4.加强预算评价考核

构建平衡计分卡绩效考核模式加强预算评价，有助于将各个预算主体的主观能动性充分发挥出来，全面控制预算工作情况，确保预算管理工作的顺利进行，稳步实现预算目标。在预算评价模块构建过程中，应加强评价体系的构建。企业在构建管理模型时，可以注重平衡计分法的应用。在全面预算管理过程中，企业应重点关注财务、客户、内部流程以及学习与成长等内容，以促进企业战略部署的顺利执行。

三、大数据全面预算体系的建设

（一）大数据与全面预算

1.大数据背景下全面预算系统的构成

在大数据背景下，企业需要设立大数据管理中心，负责数据的采集、筛选和分析，参与制定战略目标、编制预算、执行预算、评估预算及调整预算的闭环全面预算系统，为全面预算管理提供更全面和高效的数据支持。首先，依据大数据提供的行业发展水平、企业发展水平、产能利用率等内外部数据进行SWOT分析，确定企业的总体战略目标；其次，总体目标通过信息化平台传达到各个部门，各部门通过分析大数据管理中心提供的相关数据来制定部门预算；最后，各部门通过信息化平台及时反馈部门预算，预算中心根据部门预算对总预算进行调整并最终确定。

2.预算编制体系的构建

预算编制体系可以结合平衡计分卡体系进行构建。我们将预算目标分为财务目标、客户目标、内部运营目标、成长目标四个维度，并基于这些目标编制各部门预算，预算编制体系如图5-4所示。

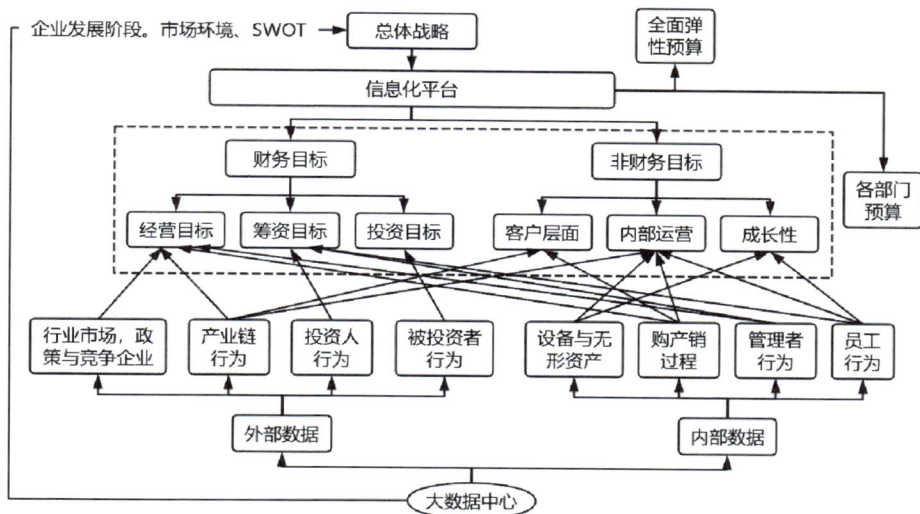

图5-4　大数据环境下的预算编制体系

（1）财务层面。

财务目标分为经营、筹资、投资三部分。在制定经营目标时，通过分析企业内部成本控制、产能利用率、购产销周期、员工生产效率等数据，以及企业外部的行业政策导向、市场平均表现、竞争企业表现、上下游的市场需求等数据，确定企业经营目标，如预期收入增长率、净利润率、净资产收益率等财务预算指标。在制定筹资、投资目标时，分析管理者投融资偏好、企业项目投融资需求等内部数据，以及投资人对于资金的使用习惯、要求的必要报酬率和被投资方的盈利能力、偿债能力、资金用途等外部数据，从而确定企业投融资需求、预期资产负债率以及经济增加值等指标。

（2）客户层面。

在大数据环境下，可以通过分析各类社交网络的言论、客户的消费习惯，如消费模式和偏好、常用品的购买周期、对新型产品的关注度、基本消费需求、消费水平、愿意为商品付出的最高金额等，来确定预期市场份额、新客户获得率、老客户忠诚度等，制定客户管理策略。

（3）内部运营层面。

内部运营主要为实现财务目标的业务流程管理，包括采购、生产、销售环节的管理和运营资金的控制。通过分析大数据管理中心提供的上游企业产品生产周期、产品质量、给出购入折扣、提供赊购的可能性，以及本企业产品需求、供货源招标方法、议价能力等数据确定采购预算；通过分析企业产能利用率、员工生产效率、机器设备损耗程度、产量、产品合格率、生产周期、技术设备更新需求等数据制定生产预算；通过下游企业的客户资金流现状、赊销的可能性、收账期限等分析下游客户的信用程度，并根据下游客户的产品需求、索要折扣习惯，以及企业内部销售人员销售习惯、与下游客户的合作时间等数据制定销售策略和销售预算。

（4）成长层面。

成长层面一般包括员工成长和研发创新两部分。其中，员工部分可以通过员工的工作习惯、日常生活习惯、言论、人际关系等数据分析员工的能力、需求、满意度和归属感，从而制定企业文化策略。同时，结合企业经营预算和产品、产能需求，分析员工的专业水平，制订员工培训计划。研发创新部分则通过市场对新技术的需求、竞争企业的技术水平和企业内部产能、损耗程度等方面的数据，制定企业研发创新预算。

3.预算执行体系的构建

大数据环境为企业预算执行控制提供了更加便利的条件。在各部门预算执行工作开始的同时，大数据管理中心也开始采集所有预算执行的数据，并对其进行实时监控和分析。一旦发现与原预算存在差异，管理中心会分析差异原因并进行反馈。各部门根据反馈数据和实际情况及时进行调整，并将相关数据反馈给关联部门，以防止部门间信息不对称。当市场大环境或政策出现变动时，大数据管理中心会将变动情况及时反馈给预算管理部门和各预算执行部门，提示其进行适度调整；当数据差异过大、有突发情况或经营环境出现异变时，大数据管理中心会及时做出预警提示。预算执行体系如图 5-5 所示。

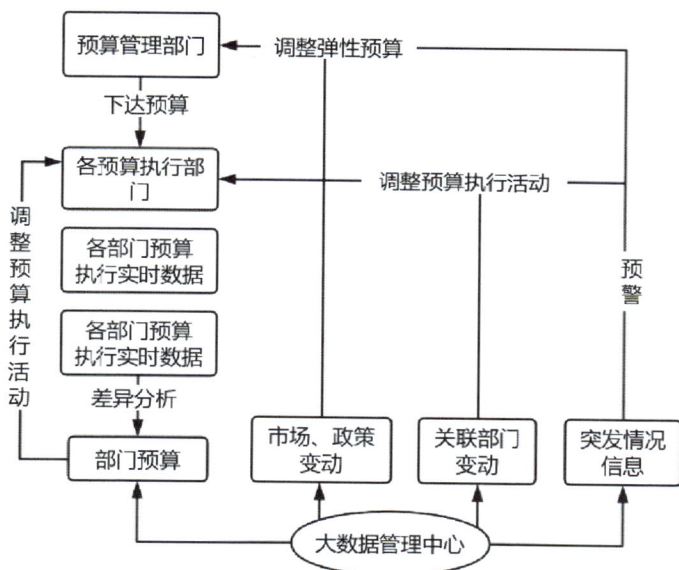

图 5-5　大数据环境下的预算执行体系

4.预算评价体系的构建

预算期末的评价考核分为预算执行结果评价和预算执行过程评价两部分。预算评价体系如图 5-6 所示。

（1）预算执行结果评价。

对预算执行结果的考核与评价也应从平衡计分卡的四个维度即财务、客户、运营、成长方面进行，将四个方面指标的执行结果分别与预算目标相比较，进行差异分析，并与行业平均数据以及竞争企业数据进行对比分析，最终得到预算执行效果评价。

（2）预算执行过程评价。

在执行预算时，大数据管理中心也在实时采集企业每一项活动过程的数据，因此在进行预算考评时可以结合预算执行过程中的各项数据评价预算的执行情况和执行效率。例如，通过预算实施情况，分析预算完成周期、预算可行性、各部门的预算执行能力等；通过预算执行期间的各项调整记录和突发事项的处理数据，分析企业的预算执行调整能力、危机应变处理能力、预算预警机制和实时调整机制的完善程度，为以后编制全面预算提供更多更可靠的数据依据。

大数据为平衡计分卡模型在全面预算体系中的有效应用提供了可靠的数据支持，从而提高了全面预算管理的效率，使评估结果更加准确和完整。然而，这也对数据使用者和数据管理系统提出了更大的挑战。尽管在大数据时代，数据的潜在价值不断上升，但其庞大的数量规模使得数据的价值密度相对较低。这要求数据使用者具备足够的数据挖掘和分析能力，以识别出对企业真正有价值的数据。同时，数据管理者需要具备较强的逻辑思维能力，以深入挖掘不同类型数据之间的复杂关系，为企业提供更有价值的信息。此外，数据管理系统还需具备更强的实时更新能力，及时采集最新数据，以在全面预算体系中充分发挥大数据的价值。

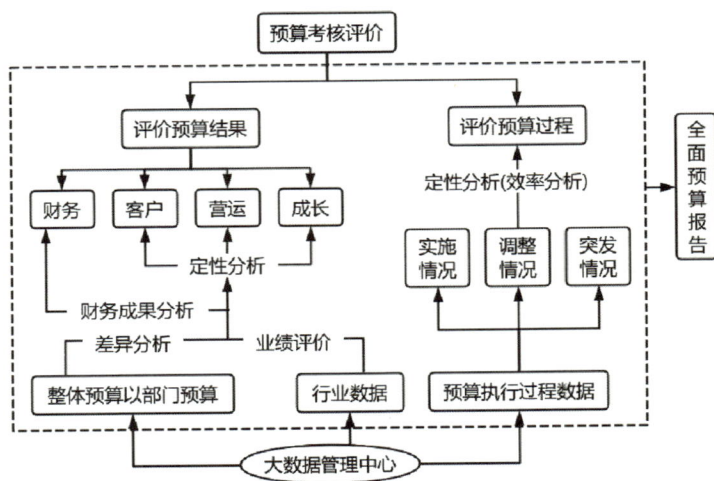

图5-6　大数据环境下的预算评价体系

（二）全面预算应注意的问题

1.全面预算制定时应注意的问题

在企业运营管理体系里，全面预算制定处于核心位置，紧密联结企业战略、经营目标，是把控资源配置、推动战略落地的重要管理手段。

（1）数据质量把控。

在大数据时代下，海量且多元的数据来源，本可为预算编制提供丰富信息养分，但首要难题便是数据质量把控。企业在收集市场数据、行业数据、内部运营数据等用于年度预算编制时，常面临数据杂乱、错误频出以及时效滞后等状况。比如外部市场数据，可能因统计口径差异，不同机构发布的行业销量、价格走势大相径庭，若不经严谨甄别筛选就用于销售预算预估，会导致预算偏离实际。同时，内部数据沉淀过程中，业务系统更新不及时、数据录入人为失误，也会干扰采购、研发等成本核算精度，进而影响整体预算的可靠性。因此，构建完善的数据治理体系，规范数据收集、清洗、存储流程，保障数据准确性、完整性与及时性，是借助大数据编制预算的基石。

（2）适配大数据更新频率。

预算编制的节奏能否适配大数据更新频率亦至关重要。传统上年度预算详细规划、中远期渐次粗略的模式，在大数据动态变化背景下需灵活调整。年度预算编制期间，市场竞争态势、消费者偏好随时在变，不能年初凭借存量数据"一锤定音"。企业需建立持续数据监测机制，按季度甚至月度复盘销售、成本等关键数据，微调预算安排，保持预算贴近经营实际。中期预算编制不能机械遵循既定框架，要依据经营数据与市场大数据分析，及时修正资源分配轻重，确保战略过渡平稳。长期预算需要洞察大数据长期趋势，如行业技术革新方向、宏观经济走势预估，同时也要动态优化资源布局方向。

（3）预测模型构建与场景模拟优化。

大数据为预算制定引入先进预测分析手段，借助机器学习、深度学习算法构建预测模型，基于海量历史与实时数据挖掘变量间复杂非线性关系，预测未来业务量、成本走势、市场份额变化等关键指标。但模型构建面临参数选择、算法适用性等技术难题，且市场不确定性使单一模型预测结果存在偏差风险。企业需结合业务特性审慎筛选、调校算法参数，同时开展多场景模拟分析，考虑乐观、中性、悲观等不同市场情境下（如突发公共事件冲击、政策重大调整、原材料价格巨幅波动）关键业务指标变动，制订多版本弹性预算预案，提升预算应对复杂环境的灵活性与适应性。

2.全面预算执行时应注意的问题

全面预算执行借助大数据的实施过程并非一帆风顺，诸多需要审慎对待的问题贯穿其中，关乎企业运营成效与战略落地的成败。

（1）确保数据真实。

大数据为全面预算执行提供了前所未有的实时监测便利，但数据质量把控是首道"关卡"。执行期间，海量数据从内部业务系统、外部市场平台纷至沓来，不乏因录入错误、系统故障、统计口径偏差等导致的问题数据。若基于失真的销售流水数据监控营收预算执行，会误判市场表现，错误地调整营销策略；成本数据若混入不实的采购价、费用明细，将扭曲预算偏差解读，使管控措施失效。故而，企业务必构建严谨的数据校验机制，定期筛查清理异常数据，统一内外部数据标准，确保数据真实可靠，为精准监控预算执行筑牢根基。

（2）灵活应变外部环境。

预算执行的灵活性与大数据更新节奏适配，是又一关键考量。市场动态瞬息万变，消费者喜好、竞品策略需随时调整，大数据能够实时反馈这些异动。但传统预算执行通常按既定月度、季度计划安排，易错失应变时机。企业一方面要加速内部预算调整流程，依据大数据洞察销售趋势，快速审批、执行预算追加或削减，比如销售旺季来临前，根据销售趋势大数据果断增加某些产品的营销推广预算；另一方面，要避免盲目追踪新数据，防止预算反复变动，扰乱业务节奏，需权衡数据变动的持续性与重要性，合理调整执行步调。

（3）战略导向考核。

考核环节融入大数据成果时，要规避"唯数据论"陷阱。大数据呈现详细执行指标，易诱使考核侧重短期量化表现，忽视长期战略投入与隐性价值创造。研发创新类预算执行成果转化周期长，初期投入产出数据不佳，若仅凭当下数据考核，会挫伤创新积极性。企业应在大数据量化考核基础上，结合战略定性评估，综合权衡预算执行对短期业绩、长期竞争力的贡献，校准考核导向，确保全面预算执行契合企业战略愿景，驱动可持续发展。

3.全面预算考核时应注意的问题

在现代企业管理架构里，全面预算考核是衡量企业运营成效、把控战略落地节奏的核心标尺，而大数据技术的深度渗透，既赋予考核工作新机遇，也带来系列棘手问题亟待攻克。

（1）保障数据质量。

数据质量把控是依托大数据开展全面预算考核的首要基石。如今数据来源广泛繁杂，企业内部业务系统沉淀海量运营数据，像生产环节的工时、物料耗用，销售流程的订单金额、客户成交周期；外部市场调研、行业数据库等也持续输送信息，诸如竞品定价走势、区域市场规模动态。但这些数据常鱼龙混杂，录入错误、系统衔接故障等导致内部数据失准，外部数据受统计口径差异、更新滞后等影响，充斥"噪声"。若根据失真数据考核，以错误的成本核算数据评估采购部门绩效，会得出偏差结论，挫伤部门积极性、误导资源分配。故而，构建严谨数据治理流程，规范收集、过滤、校验各环节，保障数据真实性、完整性，是精准考核的前提。

（2）合理设定指标。

考核指标设定与大数据适配是关键挑战。传统侧重财务指标的考核在大数据时代显露出狭隘性，单纯营收、利润指标难以勾勒业务全貌。借助大数据可深挖多元指标，可过度堆砌也会让考核结果不够清晰。企业既要纳入市场占有率、客户留存率等非财务指标反映经营状况，又需依战略目标筛选核心指标，避免考核体系臃肿。例如科技企业，研发投入产出效率在大数据助力下可量化考核，但不能忽视技术创新对品牌价值提升等长期隐性贡献，要平衡短期效益与长期竞争力培育指标权重，以契合战略导向。

（3）内部数据共享。

跨部门协同在大数据赋能考核中矛盾凸显。各部门预算考核方向不一，财务部门重成本、销售部门重业绩，数据共享不畅容易形成"数据孤岛"。由于数据不能互通，营销部门不清楚成本界限而盲目拓展客户导致预算超支，财务部门不了解市场需求进而错误配置资源。搭建企业内部的统一数据平台，明晰部门数据权责，制定共享规范，才能打破壁垒，让各部门借大数据共同校准考核方向，推动企业整体效益提升，发挥全面预算考核在企业战略落地进程中的积极作用。

四、资金分析的内容与方法

资金运动是企业的"血液循环"系统，"血液循环"是否通畅关系到企业的生命。企业的一切经营活动，都可以反映在物流和资金流上，而企业的物流或商流，实际上是现金流的一种变现形式。现金流是否通畅，关系着企业的运转是否正常。通过现金流，可以了解企业获取现金的能力和偿债能力，评估经营收益的质量，掌握企业投资和筹资的情况。因此，资金分析具有举足轻重的作用，而资金的预算管理更是全面预算管理的重中之重，只有抓住资金这个中心，采取行之有效的管理和控制措施，疏通资金流转环节，才能提高企业经济效益。

（一）资金的相关概念

现金：通常指本公司库存现金以及可以随时用于支付的存款。在资产负债表中，这部分资金归类为货币资金，并列示为流动资产。但需要注意的是，具有专门用途的现金只能作为投资项目列为非流动资产。

货币资金：是资产负债表中的一个流动资产项目，包括库存现金、银行存款和其他货币资金。需要注意的是，不能随时支取使用的（如银行承兑汇票保证金、银行冻结存款等），均不能视为货币资金。

现金等价物：一般指本公司持有的期限短、流动性强、易于转换为已知金额现金、价值变动风险很小的投资。通常投资日起三个月到期的国库券、商业本票、货币市场基金、可转让定期存单及银行承兑汇票等皆可列为现金等价物。现金等价物不是现金，但企业为了不使现金闲置，通常会购买短期债券，以便在需要现金时能够变现。

受限资金：主要指的是保证金、不能随时用于支付的存款（如定期存款）、在法律上被质押或者以其他方式设置了担保权利的货币资金。受限资金主要包括各种保证金存款，例如在要求银行开具承兑汇票或其他票据时所支付的保证金。这些资金在票据到期之前还是存在于保证金账户，可以在银行的保证金账户查到。虽然期末也要在报表中体现，但是这些资金的使用受到限制。由于受限资金不可随意使用，所以在分析资金存量时要重点关注。

（二）资金存量分析指标（表5-3）

表5-3　资金存量分析指标

指标	公式	指标含义	指标较高	指标较低
N1	库存现金+银行存款+其他货币资金	公司货币资金储备，表示直接支付的能力		
N2	N1+交易性金融资产+应收票据	公司可用资金储备，表示直接支付的能力		
N1占比	N1/总资产	资金使用效率	资金使用效率低	可能导致支付风险
N2占比	N2/总资产	资金使用效率	资金使用效率低	可能导致支付风险

指标	公式	指标含义	指标较高	指标较低
资金负债比率	N1/流动负债	现时直接偿债能力	偿债能力强	支付偿债风险高
	N2/流动负债	直接偿债能力	偿债能力强	支付偿债风险高

【实训任务一】资金存量分析

任务背景：

2019年10月，某集团企业要求分析师对公司的资金存量进行分析。

任务目标：

（1）分析公司的资金存量（N1、N2）。

（2）进一步分析每公司其他货币资金的明细构成。

（3）分析保证金占用的历年趋势。

（4）分析保证金与应付票据的比率。

分析思考：

该公司每月的资金流入流出是怎样的？

流入与流出之间是否存在时间差？有没有资金积淀？

资金积淀是否及时购买理财产品，用资金去创造效益？

任务实现：

登录新道云平台实现任务。

（三）资金来源分析

企业的资金一般有以下三个来源。

1.经营活动产生的现金流

经营活动是指除了投资活动和筹资活动以外的所有交易和事项。经营活动流入的现金主要包括销售商品和提供劳务所收到的现金，收到的税费返还以及其他与经营有关的现金；经营活动流出的现金主要包括购买商品和接受劳务所支付的现金，支付给职工以及为职工支付的现金，支付的各项税费以及其他与经营活动有关的现金。

2.投资活动产生的现金流

投资活动现金流是指企业长期资产（通常指一年以上）的购建及处置产生的现金流，包括购建固定资产、长期投资的现金流和处置长期资产的现金流。投资活动流入的现金主要包括收回投资所收到的现金，处置固定资产、无形资产和其他长期资产收到的现金，收到的其他与投资活动有关的现金；投资活动流出的现金包括购建固定资产、无形资产和其他长期资产支付的现金，投资所支付的现金，支付的其他与投资活动有关的现金。

3.筹资活动产生的现金流

筹资活动现金流是指导致企业资本及债务的规模和构成发生变化的活动而产生的现金流。筹资活动流入的现金主要包括吸收投资所收到的现金，借款所收到的现金，收到的其他与筹资活动有关的现金；筹资活动流出的现金主要包括偿还债务支付的现金，分配股利、利润或偿付利息所支付的现金，支付的其他与筹资活动有关的现金。

现金流结构与企业经营状况的关系如表 5-4 所示。

表 5-4　现金流结构与企业经营状况的关系

经营现金流	投资现金流	筹资现金流	企业经营分析
+	+	+	经营和投资收益状况较好,仍可进行融资,通过找寻新的投资机会,避免资金的闲置性浪费
	+	−	经营和投资活动良性循环,筹资活动虽然进入偿还期,但财务状况仍比较安全
	−	+	经营状况良好,在内部经营稳定进行的前提下,通过筹集资金进行投资。往往处于扩张时期,应着重分析投资项目的盈利能力
	−	−	经营状况良好,一方面在偿还以前债务,另一方面又要继续投资。应关注经营状况的变化,防止经营状况恶化导致整个财务状况恶化

经营现金流	投资现金流	筹资现金流	企业经营分析
–	+	+	靠借债维持生产经营的需要,财务状况可能会恶化,应着重分析投资活动现金流是来自投资收益还是收回投资,如果是后者,则形势严峻
	+	–	经营活动已经发出危险信号,如果投资活动现金收入主要来自收回投资,则处于破产边缘,应高度警惕
	–	+	靠借债维持日常经营和生产规模的扩大,财务状况很不稳定。假如是处于投产期的企业,一旦渡过难关,还可能有发展;如果是成长期或稳定期的企业,则非常危险
	–	–	财务状况非常危险,这种情况往往发生在高速扩展时期。由于市场变化导致经营状况恶化,加上扩展时投入了大量资金,使企业陷入困境

在分析企业现金流时需要注意，应与企业发展阶段的特点相结合，不同发展阶段资金来源结构有很大差异（表5-5）。

表5-5　企业各个发展阶段中资金来源结构的特点

企业发展阶段	资金来源结构	企业经营分析
初创期	经营活动现金净流量为负 投资活动现金净流量为负 筹资活动现金净流量为正	企业需要投入大量资金以形成生产能力和开拓市场,其资金来源只有通过举债、融资等筹资活动
发展期	经营活动现金净流量为正 投资活动现金净流量为负 筹资活动现金净流量为正	经营活动中大量现金回笼,为扩大市场份额,企业仍需追加投资。仅靠经营活动现金流量净额可能无法满足投资需求,须筹集必要的外部资金为补充
成熟期	经营活动现金净流量为正 投资活动现金净流量为正 筹资活动现金净流量为负	销售市场稳定,已进入投资回收期,但很多外部资金需要偿还

企业发展阶段	资金来源结构	企业经营分析
衰退期	经营活动现金净流量为负 投资活动现金净流量为正 筹资活动现金净流量为负	市场萎缩、占有率下降,经营活动现金流入小于流出。同时,企业为了应付债务,不得不大规模收回投资以弥补现金的不足

【实训任务二】资金流量分析

任务背景:

2019 年 10 月,某集团企业要求分析师对公司的资金流量进行分析。

任务目标:

(1) 了解近五年资金构成情况与变化趋势。

(2) 进一步分析筹资结构中长期贷款等各项资金的比例。

(3) 计算销售获现比,分析其历史趋势,由此预判企业的信用政策与收款力度。

(4) 计算盈利现金比率,分析其历史趋势。

分析思考:

该企业未来的还款压力如何?

企业的信用政策与收款力度是怎样的?

企业整体发展的健康状况如何?

任务实现:

登录新道云平台实现任务。

第6章　大数据与企业投资管理

【本章目标】

- 理解投资管理的含义、类型
- 了解大数据和企业投资决策的关系
- 如何将大数据应用到企业的投资决策之中
- 了解如何构建和优化企业投资决策框架

【学习重点、难点】

- 如何充分利用大数据为企业的投资决策进行赋能
- 如何构建和优化大数据投资决策框架

一、投资管理

（一）投资管理的含义

投资管理，是指投资者从自身的投资目标出发，在内部和外部共同约束的范围内，针对现有资金采取一系列的决策和方法，进行分析、组织、实施和控制，最终实现财富最大化的一种金融服务。投资决策是企业财务决策中最关键的环节之一。如果对投资活动没有科学地规划，那么投资活动会有极大的风险变为投机活动。因此，投资管理在投资决策中尤为重要。

投资管理是一个系统的过程。该过程从制定投资政策出发，确立投资目标，确定收益和风险容忍度，识别约束条件，确定风险偏好，进而打造投资策略。随后形成并量化预期，进行资产配置，对投资组合进行动态调整。最后，对投资业绩进行合理评估。在整个流程中，投资者不可避免地会面临各种外部风险和内部风险，因此，还需要运用量化分析、行为分析以及管理控制等合适的工具进行投资风险管理。具体投资管理流程见图6-1。

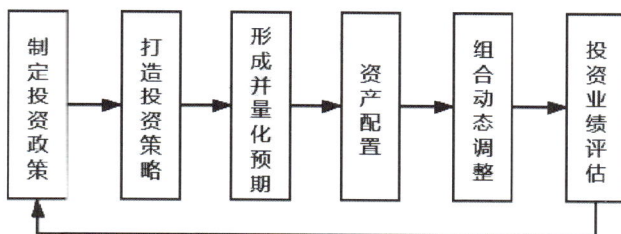

图6-1　投资管理流程图

（二）投资管理的类型

1.股票管理

股票基金管理人的任务是评估投资组合的收益和风险指标，追踪误差（tracking error），以及与标杆（benchmark）的差异等。

2.利率管理

在利率管理中，管理人主要投资于债券类和货币类的产品。因此，需要评估投资产品的到期水平（duration）、利率指标的变化（与标准利率曲线的差异），以及相关债券类产品的金融风险等级。

3.多样化管理

管理人旨在道过分散投资策略，将基金投放于不同类型的资产、行业和地区，以降低投资组合的风险。除了一些纯金融资产外，管理人也可以将原材料产品、固定资产类基金投放于外汇市场。

4.其他管理

其他类型的管理主要分为两类：私人股权投资和对冲基金。

私人股权投资管理人主要投资于非上市公司，致力于管理所投资企业的经济性决策以及公司资本流入、流出模式。

对冲基金以极少的限制和几乎完全依靠杠杆效应著称，也因此区别于共同基金或者退休基金。不过，这类基金的投资人一般都是买入持有型（long only），即不依靠卖空来保值，一般投资期限为2到5年。

二、大数据与企业投资决策

（一）企业投资决策的新标准

1.传统投资决策标准及弊端

企业的项目投资即实业投资，除了资金因素以外，还需要考虑品牌、质量、工艺、技术、人力等相关因素。因此，必须考虑投资项目的综合实力以及核心竞争力。企业在战略决策方向上的差异体现了企业主营业务方面的投资扩展，包括投资方向、投资对象、投资项目、投资区域、投资性质、投资金额、时间节奏等方面。企业的战略核心就是企业的投资决策。

一般情况下，企业的盈利模式受到它的商业模式的限制。在企业战略的总体导向下，从开源、节流两方面对投资方案或经济事项进行定量、定性的分析，从而制定出最适用于企业的战略决策。商业模式通过改变企业的资本结构，包括资产负债比例、投融资比例及方式等来影响企业的资本模式，最终影响企业的价值创造。反过来，运用现金流估算等技术来对公司价值进行评估，也是商业模式中敲定投资决策的重要依据。

为了得出一个好的投资方案，在了解潜在的市场需求和现实，并找出满足投资需求的载体项目或其所代表的产品后，要把有需求的市场细分为各个子市场，并在子市场中将这种需求作为特定目标选择出来。在此，关键的环节是对特定的目标市场做好有关需求情况的充分调研：一是对现有市场的需求量进行估计；二是预测未来的市场容量；三是评估产品的竞争能力。在实际操作中，常用市场调查分析、市场预测分析、相关预测分析等方法来进行投资方案的评估。由于人们认知能力、经验水平以及主观因素的限制，数据分析的结果可能产生误差。如果误差过大，导致产生低质量的数据信息，那将会直接影响投资方案的分析质量。因此，在得出一次投资项目的市场需求预测结果后，有必要再进行误差分析，以减小未来预测的误差，提高分析结果的精度。

现行财务理论认为，投资决策的可行性标准在于能否提升企业的财务资本回报率或股东财务收益。考虑到货币时间价值，财务学上较为成熟的投资项目评估方法（如投资回收期 Pt、净现值 NPV、内含报酬率 IRR、盈利指数 PI 等）均是基于对投资项目预测现金流折现的判断。但随着现代市场的发展，这些评估方法的弊端越来越突出。首先，如果对未来现金流的判断不够准确或充分，那么会直接产生一项错误的投资决策；其次，对于现金流较少或未来现金流不明确的项目，很难做出客观准确的投资判断。总体来说，这些方法适用于传统的重资产经营模式，但在大数据时代下，它们显然缺乏对企业战略和盈利模式的深入考虑。

2. 大数据时代的投资决策标准

传统的投资决策过程并未完全考虑海量数据的价值，大数据在企业投资决策中的应用场景主要体现在依靠大数据提升投资决策分析的支撑能力。处在大数据时代的现代企业越来越向多样化发展，这促使了投资决策的不断变革。增加用户数量、提升用户体验、扩展产品和服务种类等都成了企业发展的考虑因素。在大数据时代，基于云会计平台进行决策的相关数据分析，能够为企业的投资决策提供更科学、更系统、更及时的数据支持。按照这种思路，企业的投资决策就不能完全依赖于未来现金流及盈利水平的评估。相对于传统信息时代来说，在大数据时代发展的企业可以得到海量、多样且准确的信息，如客户和供应商身份信息、同行业的平均财务水平，以及相关的交易数据、行业前景、宏观政策导向等。这些信息对当前投资项目的回报率进行了深度且全面的分析，是企业进行投资判断的重要依据。大数据平台不仅可以利用数据之间的关联性开发投资思路，还能够从看似不相关的数据里发现新的投资契机。

3.在投资决策中应用大数据的必要性

在大数据时代，投资决策更多地关注数据间的相关关系，而不是因果关系。针对传统投资评估的弊端，大数据提供了有效的解决方案。首先，大数据平台具有数据规模大、种类多、真实性高的特征，这给未来现金流评估的准确性提供了保障。其次，对于现金流较少的项目，大数据除了从传统的财务角度综合考量外，还从该项目的企业资源（顾客、产业链等）与潜力（市场份额、行业地位）等进行分析。再次，在对投资结果进行验证和反馈方面，依托大数据技术建立的预测性分析工具，可以对项目投资前后的数据进行实时、准确、全面地收集和对比。这使企业能够了解投资后的真实产出与投资预期产出之间的差异，并形成动态反馈。最后，通过监控投资项目的进展，不仅可以帮助企业积累评估经验，还能提高未来投资的效率。

（二）大数据在企业投资决策中的应用价值

通过企业的大数据平台对市场行业内的海量企业信息进行汇总、加工、分析，所得出的结论不仅可以为企业优化运营、提升生产效率、制定科学战略规划、做好投融资规划提供科学依据，也可以帮助投资者判断一家企业是否具有核心竞争力以及可持续发展能力。

例如，当投资者用关键成功因素分析法（Key Success Factors，KSF）分析行业的核心竞争力时，不应仅停留在定性分析的层面。通过对比行业内大量的优质企业和普通企业，投资者可以找到优质企业普遍优于普通企业的环节，从而找到影响企业核心竞争力、提升企业竞争优势的关键变量。但是，企业在某一发展阶段该增加哪一个关键因素的投入，或者怎样制定适合企业的投资增长速度，都不能只靠定性分析而得出判断。而构建企业大数据处理平台，利用人工智能对数据进行分析和总结，虽然不能通过量化的方式完全解决可能存在的问题，但是通过与其他企业相关数据的比较，可以得出有价值的发展建议。企业在对某一项目进行投资决策时，该如何确定投资规模、投资增速，将会给企业的发展带来决定性的影响，甚至会影响到企业的生死存亡。例如，五谷道场凭借其"非油炸"的健康理念，迅速打开方便面市场，最终却因发展规划不够科学、盲目扩张导致破产。其中的许多关键信息数据（排除其中需受到保护的专利和商业机密等信息）已经成为众多企业在自身发展中借鉴和吸取教训的数据素材。

企业大数据不仅可以作为决策基础，辅助管理层和投资者制定战略规划和投资部署，还可以应用到某些行业的日常工作当中。例如会计行业，每个事务所在参与一个项目的过程中都会收集企业一段时间内的大量财务资料及经营数据，在项目结束后，所产生的众多工作底稿再以纸质资料的形式保存起来。如果在项目结束后的一段时间内，客户或会计师事务所想要再次调取相关财务资料，需要耗费大量的人力和时间从众多纸质资料中寻找。这类资料经常会由于当初负责项目的团队成员的离职而丢失。券商、私募所、咨询公司、律师事务所等机构也存在这类问题。这些行业的共同点就是随着时间的推移，每天都会产生大量的数据资料。如果将企业的这些数据电子化并录入行业内部的大数据平台，则可以实现对同行业中各个企业的这些数据进行汇总与集中分析。在这一过程中，除了便于调取数据之外，还可以在大量的数据基础上，构建合适的分析模型，进行判断和预测。例如，目前有些开发智能投研系统的创业公司就是通过将网络中券商、统计局、协会网站等关于上市公司的统计和研究的零散式成果，按照行业来进行梳理，从而提供一份全面且具有时效性的行业报告。除此之外，还可以利用大数据平台做成企业的预警系统，一旦数据库中有不符合逻辑的新样本出现，就会及时提示使管理者知晓，从而有效提升企业员工的工作效率。

（三）大数据在固定资产中的投资决策

评价企业的投资决策受决策效率、决策质量以及决策成本等重要因素共同影响，在很大程度上决定着企业固定资产投资决策的科学性和合理性。基于大数据平台对相关信息进行深入分析，能够为企业的固定资产投资决策提供科学、全面且及时的数据支撑。

固定资产投资是企业进行正常生产经营以及持续发展的基础，在企业财务活动中占有重要的组成部分。在经济全球化的背景下，企业想要不断提高自己的竞争优势，尤其是制造业企业，新建、扩建以及改良生产设备成了他们主要的措施。大数据时代基于云会计的企业固定资产投资决策框架如图6-2所示。

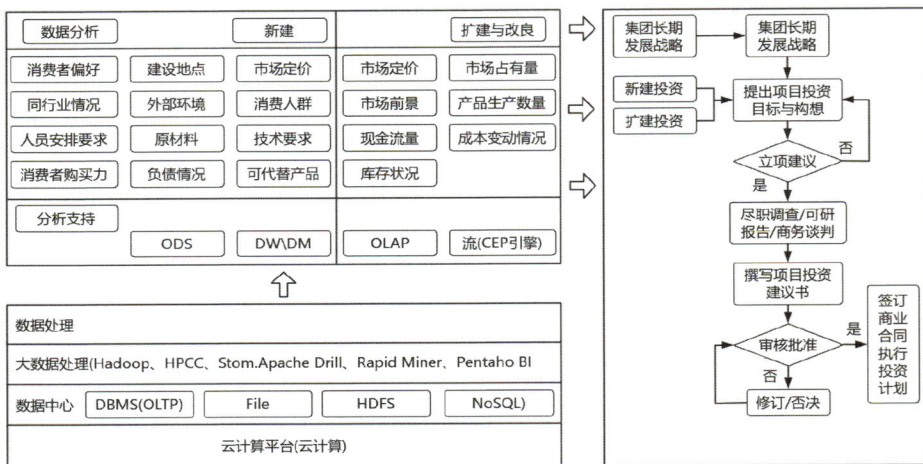

图6-2 大数据时代基于云会计的企业固定资产投资决策框架

1.投资准备阶段

在大数据时代，企业固定资产的投资决策最重要的就是对前期市场进行精准预测，使得企业能够第一时间把握市场先机，抢占市场份额，以最快的速度发现现实与潜在需求，以此来进一步满足项目发展的实际需求，并减少那些与企业市场定位不符或者是不能在未来支撑项目运营的虚假需求。

首先，企业必须要有明确的投资目标，了解目标定位的市场需求、消费者偏好以及同行业内的相关项目情况。其次，要明确投资方向，需要将企业的历史数据进行整合，结合项目所在的市场状况进行信息筛选，最终明确投资方向。最后，在了解市场容量和前景的同时，还要对该投资产品的替代品进行预测，并分析它们可能会对该项目产生的影响；调查该项目的长期发展趋势，以及产品的市场占有率。

2.制订投资方案阶段

当进行投资项目决策时，企业通常会运用大数据平台提取出内部及外部的相关信息，对其进行科学的宏观分析，以此制订出合适的可行性方案，并进行价值评估。可行性分析主要包括概率分布或期望报酬率、标准离差或标准离差率，以及风险报酬率等多项数据。值得注意的是，方案的制订需要结合企业的实际情况，要在企业可承受的范围内进行可行性的规划。

对于生产设备的新建、扩建以及改良，除了对产品的成本和定价产生影响外，还影响着企业的发展方向以及在未来竞争市场上的战略地位。

3.投资实施阶段

企业在进行固定资产投资决策时，会依赖数据库作为主要依据，利用多种媒介从企业内部或外部以及银行系统中获得数据。同时，企业运用大数据处理技术和方法，规范处理所获得的数据信息，并利用数据分析和挖掘技术，提炼出企业固定资产投资决策需要的财务信息及非财务信息。从而有针对性地对其进行改良扩建或者新建，为完善每一步的投资决策提供有力的数据支持。

通常，在监控或调整投资进程时，首先要考虑到企业现金流量及其收益与预期的差值，以及企业投资进程的风险及收益是否在企业的可控范围内。如果差值较大或已经超出企业的承受范围，则要及时找出偏离原因，对相关数据进行科学地分析处理，并结合投资项目进程合理调整决策方案，以保证收益的顺利实现。

企业的数据来源极其广泛，甚至涉及多个利益相关者，大多都是非结构化数据，并且彼此间的数据标准并不统一，因此在兼容数据库的处理上有一定难度。由此可见，大数据时代就是先利用云会计平台获取大量数据资源，在此基础上进行投资决策方案的制订，在此过程中，会运用相关的数据处理技术对数据进行分析提炼和整合，并存储在企业的数据处理中心。这种方式可以极大地提升企业在整个投资决策中的工作效率，促进数据的完整性、及时性和可靠性，以此来满足高质量的投资决策需求。

三、大数据与投资决策优化

（一）投资决策框架

1.大数据对收集投资决策信息的积极作用

收集投资决策信息是构建投资决策框架不可或缺的一步，而大数据时代的到来正好给企业收集投资决策信息带来了前所未有的机遇。一方面，大数据为企业的投资决策战略提供了海量的数据。一个企业的投资决策毫不夸张地说可以影响到这个企业未来的成败。正是投资决策的这一重要性决定了企业的决策者和管理者在做一项重大投资决策时，不仅要对企业所处的行业特征、企业所在的生命周期发展阶段、发展目标、财务状况、经营状况等内部信息如数家珍，还需要掌握海量的企业外部数据，如国家经济发展的大政方针、国内外经济形势、所投资项目的发展趋势、所投资企业的发展状况等，而大数据的应用正好可以解决企业投资决策时的数据来源不足、信息收集过程长久且困难等问题。另一方面，大数据的应用创新了投资决策信息的获取途径。随着资本市场和企业集团的发展壮大，现代公司集团业务越来越复杂，这也决定了企业想要收集海量的决策信息就需要越来越广泛的信息获取渠道，而大数据的应用逐渐改变了以往只能靠传统单一方式收集信息的局面，为企业获取海量投资决策信息提供了多种渠道。

2.构建投资决策框架

前提准备。在互联网、云计算、大数据的背景下，数据成为企业的一项重要的无形资产，而数据的质量与企业的投资决策的最终成果之间有着非常大的关联。所收集数据的准确性、可靠性、相关性直接影响投资决策能否顺利地实施，也决定了投资决策成果的实现程度。因而在准备阶段主要涉及数据的获取。首先，是要明确投资目标，这是投资决策的基石，也就是企业想通过投资决策实现怎样的回报。其次，就是要决定投资的大体方向，即企业想要投资哪些行业，哪些企业。这不仅要求企业参考往年的本企业和被投资企业的经验数据，还需要准确把握国家的政策方针、经济环境、法律环境、社会环境等宏观因素，最终明确企业的投资方向。

构建投资方案。构建投资方案首要做的是安排财务人员编制投资决策方案的可行性报告，再由企业管理决策层评估方案的可行性和风险大小。可行性分析涵盖从市场调研到投资回报率的全过程，分析计算投资项目的资本成本、现金流量表，并应用回收期法、净现值法、内含报酬率和盈利指数法对被投资项目进行财务评价。同时，用敏感性分析和盈亏平衡分析等方法对项目的潜在风险进行分析，从而完成对项目进行全面剖析的目的。

投资决策落地阶段。在可行性分析报告通过以后，投资决策方案进入不断调整的阶段。这一阶段最重要的是评估企业的现金流量、将来的收益以及投资项目预期的风险，判断企业是否可以在未来承担或者消化、转移这些风险。如若存在较大差异，或者企业无法控制潜在风险，那么企业就需要对先前收集的大量数据进行重新计算分析，从而调整投资决策方案，使方案在实施时能够最大限度地接近甚至超过预定的投资目标。

（二）优化投资项目管理

随着市场经济活动变得越来越复杂，投资项目管理遇到诸多困难和不确定性，投资项目面临着各种各样的风险，因此优化投资项目管理显得愈发重要和迫切。

首先，企业要做的就是依托大数据设计管理层级。根据层级管理的理念，创建以市场部和财务部作为海量数据收集者、财务经理和财务总监作为数据分析和建议者、董事会作为数据信息决策者的层层分级的模式。这一模式也要求了企业高层要合理设置投资项目岗位分工，要善于用人，让投资性项目每个层级上的人都能够发挥主观能动性，确保投资项目里的每个人都有相应的职务和责任，做到职责分明。

其次，企业要将投资项目的全流程进行任务分解。将整个投资项目的过程分解成若干个子任务，一直分解到不能分解或者不需要分解的地步，然后将这些子任务用项目流程图表现出来。这种将整个投资项目分解成若干个子项目的方法可以将企业的大型或者复杂的投资项目变成一个个较小的或者简单的子任务，最终将整个投资项目变得明确和具象化，易于投资项目的管理监控。

再次，企业要依托大数据做好内部控制。很多情况下，企业的投资项目在经历了可行性评估等一系列预备工作之后，在项目投资过程中仍然出现诸多问题。这可能因为企业在投资项目的内部控制方面存在不足。因此，企业务必要依托大数据完善内部控制流程，以增强投资项目管理，确保高效实现投资目标。

（三）投资方案的制订与优化

1.投资方案的制订阶段

制订和评估阶段主要涉及根据可行性制订投资方案并对其进行评估，所需的相关数据包括风险相关的概率分布、期望报酬率、标准差、标准差率、风险报酬率等。这些数据的分析有助于评估方案的可行性，只有当风险在企业可承受的范围内时，投资才被认为是可行的。方案评估还包括对现金流量、各类评价指标以及资本限额等数据的分析。

投资项目的决策分析，一般以净现值法为基础。现金流量必须包含经济行为（项目）的全部现金流量，通常采用非贴现现金流量指标或者贴现现金流量指标数据进行衡量。投资回收期、平均报酬率、平均会计报酬率、净现值、内含报酬率、获利指数、贴现投资回收期等各类指标涉及的数据对投资决策的评估起着重要作用。这些数据的来源涉及多个利益相关者，其获取渠道较为广泛，多为非结构化数据且各类数据之间标准不统一，难以兼容。

2.投资决策情报的获取至关重要

大数据时代带来了企业投资决策中竞争情报的搜集、分析和利用方式的变化。在这一背景下，竞争情报咨询机构和企业必须积极应对大数据带来的机遇与挑战。当前，企业需要深入研究大数据的特点，并不断创新竞争情报分析方法。只有这样，才能在大数据所创造的全新信息生态和竞争环境中，抓住由大数据转化而来的新机遇。

通常，企业在面对重大决策时，会依托大数据情报分析来指导决策过程。这些决策主要涉及投资的必要性、投资目标与规模、投资方向与结构，以及投资成本与收益等多个方面。因此，大数据如今被视为企业中至关重要的资产，受到越来越多的关注。然而，由于大数据既有优势也有挑战，随之而来的新机遇也为企业带来了更多的挑战。

3.大数据背景下的投资方案优化

必须根据集中控制与分层管理的思路，构建大数据挖掘的管理层次和制度结构，确定相应的反馈机制。具体而言，项目公司负责数据收集，而集团公司负责数据决策。首先，在企业中，数据通常作为控制的载体，然后项目公司再根据集团公司的数据要求来进一步开展准确和及时的数据采集，而集团公司就会将总体数据作为依据，进行数据进度与成本、质量与安全等诸多方面的分析与决策。这里的总体数据，不仅指项目公司所采集到的内部数据，同时还包括集团公司所采集到的外部数据，以此来保障数据的全面和完整。其次，企业必须根据数据集中、业务集中、管理集中、控制集中的原则，来进行数据处理中心的建设。通过加工整合各类数据，进行相应的整理识别之后再录入到信息系统中心。最后，数据处理中心将对这些数据进行挖掘，为公司决策层提供决策支持，而各个职能部门可随时对这些项目数据进行调用、管理，这样项目部就可利用这些数据指标与提示进一步优化管理工作。

【实训任务】撰写投资分析报告

案例背景：

AJHXJL 矿业科技有限公司于 2003 年成立，这是一家集矿山采选技术研究、矿产资源勘查、矿山设计、矿山投资开发、矿产品加工、矿产品销售于一体的集团化企业。总公司下辖28家子公司,拥有矿山31座,资源占有量16.61亿吨。其中铁矿资源8.97亿吨;钼矿资源4.9亿吨;原煤资源1.3亿吨;方解石资源463万吨,远景储量1000万吨;铜矿资源930万吨。目前,已投产的铁矿山22个,煤矿2个,钼矿1个,方解石矿1个,铜矿1个。年产铁精粉550万吨,钼精粉15000吨,铜金属4200吨,锌精粉3000吨,铅精粉8000吨,磷精粉110万吨,硫精粉15万吨,硫酸11万吨,硫酸钾4万吨,磷酸氢钙2万吨。公司通过自我勘查与合作勘查,在内蒙古、青海、云南、西藏、河北等地拥有铁、铜、煤等资源探矿权。公司现有员工3200人。其中博士、硕士学位人才20余人,各专业技术人才1500余人。公司投资部在物色新的投资对象,因为"有色金属冶炼及压延加工业"是该公司的下游行业,公司想从该行业中筛选出一个综合能力表现优秀的企业进行投资。

财务总监将在会上做投资分析报告。现要求财务分析师设计决策看板,提交投资分析报告,以便财务总监进行汇报。报告应从宏观经济形势分析、行业分析、公司分析三个方面层层递进,最后进行总结并提出投资建议。

任务目标:

设计投资决策看板,撰写投资决策报告。

第7章　大数据与企业财务战略管理

【本章目标】

● 了解企业战略的内容

● 掌握SWOT分析法

● 了解商业创新模式

● 了解大数据与企业成本控制的关系

【学习重点、难点】

重点：

● 财务战略

● SWOT分析法

● 商务创新模式

● 大数据对成本的影响

难点：

● 正确处理通货膨胀因素的影响

● 市场精确定位分析

一、企业财务战略管理

（一）企业财务战略概述

何谓战略？

战略就是组织为了实现长期的生存和发展，在综合分析组织内部条件和外部环境的基础上做出的一系列带有全局性和长远性的谋划。通俗地理解，战略就是做正确的事。

1.财务战略的定义

企业财务战略的定义：为谋求企业资金均衡有效地流动和实现企业战略目标，增强企业财务竞争优势，财务决策者在分析企业内外环境因素对理财活动影响的基础上，对企业资金流动进行全局性、长期性和创造性的谋划，并确保其执行的过程。

对这一定义，从下述几个方面作一些简要的说明。首先，企业财务战略关注的焦点是企业资金流动，这是财务战略不同于其他各种战略的质的规定性；第二，企业财务战略的目标是谋求企业资金的均衡和有效地流动和实现企业总体战略；第三，在财务战略中，着重考察的是环境因素对资金流动的影响；第四，强调财务战略也应具备战略的一般特征，即全局性、长期性和创造性等；第五，企业财务战略的定义既包括财务战略的制定，也包括财务战略的实施。

2.财务战略在企业战略中的地位

（1）企业战略与财务战略之间的关系是主从关系，企业战略居于主导地位，对财务战略具有指导作用；而财务战略居于从属地位，它的制定和实施必须服务于并贯彻企业战略的总体要求。

（2）在企业战略体系中，财务战略对企业战略及其他子战略起支持和促进作用，因为无论是企业战略本身，还是市场营销战略、生产战略等子战略，它们的实施均离不开资金上的积蓄和投入。

（3）企业财务战略具有自己的相对独立性，并对企业战略及其他子战略的制定与修订具有不可忽视的作用。

3.制定与实施财务战略的重要作用

（1）有助于改变企业财务系统的现状，提高企业财务系统对未来环境的适应能力。

（2）有助于培植和发挥财务优势，增强企业的财务竞争能力。

（3）提高财务素质，全方位地发挥财务的功能，从而有效地提高企业发展能力。

（4）提供充裕的资金并为资金的有效配置指引方向，从而为企业的持续发展创造有利条件。

4.财务战略的基本特性

（1）从属性。

（2）导向性。

（3）长期性。

（4）系统性。

（5）风险性。

（6）重大性。

5.财务战略决策与一般财务决策

财务战略决策与一般财务业务决策是财务管理中两类不同性质的决策。

（1）决策目的不同。

（2）影响范围不同。

（3）时效不同。

（4）环境特征不同。

（5）目标体系不同。

（6）分析方法不同。

6.企业财务战略的类型

（1）按生命周期分：初创期财务战略、成长期财务战略、成熟期财务战略、再生期（或称衰退期）财务战略。

（2）按财务管理对象分：企业筹资战略、企业投资战略、企业分配战略。

（3）按企业经营能力大小分：

扩张型财务战略，是以实现企业资产规模的快速扩张为目的的一种财务战略。

防御型财务战略，是以实现企业财务绩效的稳定增长和资产规模的平稳扩张为目的的一种财务战略。

稳固发展型财务战略，是以预防出现财务危机和求得生存及新的发展为目的的一种财务战略。

7.企业财务战略的内容与程序

（1）企业财务战略主要包括以下三个方面的内容：

企业资金投放战略，主要解决战略期间内企业资金投放的目标、原则、规模、方式和时机等重大问题。

企业资金筹集战略，主要解决战略期间内企业资金筹集的目标、原则、方向、规模、结构、渠道和方式等重大问题。

企业收益分配战略，主要解决战略期间内企业纯收益，特别是股份制企业的股利如何分配的重大方针政策等问题。

（2）财务战略的程序大体包含这样三个阶段：企业内外环境分析，战略制定，战略实施与控制。

（二）企业财务战略的制定方法

1.SWOT分析法

所谓"力量（Strengths）、弱点（Weaknesses）、机会（Opportunities）和威胁（Threats）分析法"，取其英文字头，简称"SWOT分析法"。

（1）确定"力量"和"弱点"。

"力量"和"弱点"这两类因素都来自组织内部，所有能使组织处于一种相对优势地位或主动态势的因素均可称为"力量"；相反，所有导致组织处于一种相对劣势或被动态势的因素均可称为"弱点"。要确定企业具有哪些"力量"和"弱点"，必须对企业整体进行全面分析，包括组织结构、高层管理人员素质、财务管理、生产管理、营销管理、人力资源管理等诸多方面。

（2）确定"机会"和"威胁"。

"机会"和"威胁"属于外部条件，战略管理者通常无法直接控制，因而也就难以使之改变。机会是企业业务环境中重大的有利形势。威胁是环境中的重大不利因素，构成企业业务发展的障碍。理解企业面临的机会和威胁将有助于企业选择合适的资金投放战略。

（3）SWOT分析与资金投放战略。

内部的力量、弱点和外部的机会、威胁一旦确定，管理者即可着手制定资金投放战略，它应充分利用外部机会，避免或克服外部威胁，巩固内部力量，减少内部弱点。在此过程中，一定要注意两个方面的一致性：一是内部的一致性，即资金投放战略要与企业战略相一致；二是外部的一致性，即资金投放战略要与外部环境相一致。

图7-1表明某些投资战略与不同的SWOT因素组合之间的关系。图中横、纵两轴把平面分为四个区域。横轴表示内部力量和弱点，纵轴表示外部机会和威胁。

图7-1 投资战略与不同的SWOT因素组合之间的关系

"增长"区域：最有利的情况。在这一区域内，外部环境机会很多，内部力量也很强，因此企业可以趁机增加投资大力发展。应该采取的战略是把力量集中在现有的产品和市场上，或者通过合并或兼并等方式使企业迅速扩大。

"退缩"区域：最糟糕的情况。内部弱点明显，外部威胁巨大，重组或撤资是明智的选择。

"输送力量"区域：内部力量很强，同时也面对外部巨大的威胁。此时，公司可以在稍有不同的领域中施展自己的力量，即在相关领域内进行多样化投资，或通过与他人合并或兼并来实施有效的投资战略。

"克服弱点"区域：环境机会很多，但内部弱点也很多，所以企业应采取战略行动来克服或避免这些弱点。如与别人形成暂时的或长期的伙伴关系，谋求向前（原材料）或向后（最终产品）纵向一体化，在其他领域进行多样化投资等都是恰当的战略。

总之，SWOT分析通过评估各项业务所面临的环境及内部能力，提出了一种生成相应投资战略的合理框架。

2.生命周期矩阵分析法

生命周期矩阵分析法是根据企业各项业务所处的产品/市场生命周期阶段和业务的大致竞争地位来确定战略类型的方法，适用于难以明确企业的业务竞争优势或相对竞争地位的情况。生命周期矩阵分析法的使用方法如表7-1所示。

表7-1　生命周期矩阵分析法

生命周期	竞争地位		
	强	中	弱
引入阶段	盈	？	亏
发展阶段	盈	盈或？	可能亏
成熟阶段	盈	盈	亏
衰退阶段	盈	亏	亏

（1）竞争地位。

生命周期矩阵分析表中将企业产品/市场的竞争地位划分为三种：竞争地位"强"是指企业业务在市场上处于领先和主导地位；"中"是指企业的产品或服务尚受欢迎；而"弱"是指企业在市场上的地位很弱，处于边际或低于边际的状况。

（2）生命阶段。

生命周期矩阵分析表中将企业产品/市场的生命阶段划分为引入、发展、成熟、衰退等四个阶段。

处于引入和发展阶段的"盈"业务需要企业内其他业务提供资金支持，以便于获得更进一步的发展。其中，处于引入阶段的"盈"业务一般具有成本优势，甚至成为同行业的成本领先者。处于成熟和衰退阶段的"盈"业务有能力将市场上其他竞争对手驱逐出去，因此还能在该产业中继续经营下去，但不宜过多投资发展。而处于衰退阶段的"盈"业务虽然通过集中于某一细分市场在目前尚有盈利，但由于市场在逐渐消失，所以应及早做好撤资退出的打算。

处于发展阶段的"？"业务有两个出路：一是在"盈"业务的资金支持下提高竞争地位而成为"盈"业务；二是通过紧缩或退出战略，将转移出来的资金用于支持发展阶段的"盈"业务或发展新的业务。

处于引入和发展阶段的"亏"业务尚有提高市场竞争地位的可能，只是需要追加大量的资金。特别是在引入阶段的业务，如果处于较弱的竞争地位意味着在这个新市场上企业面临着很强大的竞争对手，更不用说这个阶段本身就需要在技术、工艺、人员培训、提高产品知名度等方面进行大量投资。这时企业需要决定是放弃这个业务，用抽出的资金支持其他业务发展，还是在这个业务中坚持下去。最后，处于成熟和衰退阶段的"亏"业务多数只有撤资退出这一条出路。

由于行业生命周期是制定企业经营层面战略的主要因素之一，所以通过生命周期矩阵的分析，不仅可以确定投资战略方案，还可以发现对经营层面战略的要求，这是其他分析方法所不具备的优点。这种分析方法的缺点是没有考虑到影响行业吸引力的其他因素，尽管行业发展阶段是一个重要因素，但绝不是唯一因素。

（三）行业结构分析法

行业结构是指一个行业内存在的各种竞争力量及其相互关系，它是决定行业竞争性质、竞争程度及行业内企业能否获取竞争优势的根本因素。

波特教授在他的《竞争战略》一书中提出了一种被人们所普遍接受的行业结构分析模型。波特认为，任何行业，不管是国内行业，还是国际行业，其竞争性质都取决于以下五种竞争力量：行业的新进入者、替代品、买方、供方和行业中原有的竞争者。

五种竞争力量的大小都是行业结构的函数。每一个行业都有自己的结构，表现出自己的特点。通过行业结构分析，企业可以发现该行业是否能提供较高的持续盈利机会，并可结合企业实际情况决定是否向该行业投放资金，从而确定投资的方向与领域。

企业在分析行业结构并决定向该行业投放资金之后，还要为自己在该行业中选择一个恰当的位置，即进行行业定位。确定竞争优势是行业定位的核心。最基本的两种竞争优势就是低成本和差异化。所谓低成本就是企业能比竞争对手更有效地设计、生产和销售相似产品。所谓差异化就是企业能在产品质量、特点和售后服务等方面向买方提供更高级或更独特的产品的能力。低成本和差异化这两种竞争战略都能形成比竞争对手更高的生产率，低成本企业可以比对手使用更少的投入要素，差异化企业可以比对手获得更高的单位产品收益。

行业定位的另一重要方面是确定竞争范围，即必须选择企业所生产的产品和种类范围、所使用的分销渠道、所服务的顾客类型、产品销售的地理区域，以及将要与之竞争的相关行业等。

把竞争优势和竞争范围结合起来，就可以进一步确定企业资金投放的重点和具体的方向，从而形成投资战略。

二、企业财务战略方案的设计与实施

（一）企业资金投放战略方案的设计与实施

1.企业资金投放战略方案的设计依据

资金投放战略方案必须遵循以下设计依据。

（1）资金投放战略。

（2）资金投放的盈利与增值水平。

（3）资金投放风险。

（4）资金投放成本。

（5）投资管理和经营控制能力。

（6）筹资能力。

（7）资金投放环境。

2.DCF 法与资金投放战略方案的评价

从理论上讲，贴现的现金流量法（Discounted Cash Flow Method，简称 DCF 法）被认为是评价投资方案优劣的比较成熟和科学的方法之一。但是，却很少有企业把这种方法应用于战略性投资项目的评价、选择。其主要原因有三：一是对 DCF 法的运用不当；二是人们认识上的一些偏见；三是 DCF 法本身所具有的局限性。因此，纠正 DCF 法的一些误用，进一步完善 DCF 法，消除它的局限性，这种工具是可以用于资金投放战略方案的评价与选择的。

3.建立适应资金投放战略方案评价的 DCF 法

与一般投资方案相比，资金投放战略方案的重要特点是具有长期性和全局性。这导致它的不确定性和影响的深远性都远远超过了一般性的战术性资本支出项目。因此，在将 DCF 法运用于资本投放战略方案的决策分析时，要注意以下几点：

（1）在资本支出预算程序上，应采用上下结合（由上至下、由下至上）的方式。

（2）合理确定现金流量。

（3）正确处理风险因素。

（4）正确排定资金配置的优先次序。

4.正确处理通货膨胀因素的影响

通货膨胀对投资项目的现金流量有重要影响，它使不同时间现金流量的货币购买力不同，并随着时间的推移而下跌。显然，在通货膨胀条件下，现金流量可以以两种不同的方式加以计量。一种是以名义货币计量的名义现金流量（以 NA 表示），另一种是消除通货膨胀因素影响后，以不变购买力货币计量的实际现金流量（以 RA 表示）。假设未来若干年内平均每年的通货膨胀率均为 j，第 t 年的名义现金流量为 NA_t，则其实际现金流量应为：

$$RA_t = \frac{NA_t}{(1+j)^t}$$

通货膨胀对贴现率同样也会产生影响。在通货膨胀条件下，投资者所要求的贴现率除了无风险报酬率之外，还包括了通货膨胀补偿率。因此，这时贴现率也可分为名义贴现率（即包含通货膨胀补偿率的名义报酬率）和实际贴现率（即消除通货膨胀补偿之后的实际报酬率）两种。设以 r 代表名义贴现率，i 代表实际贴现率，j 代表通货膨胀率，则它们之间具有以下关系：

$$1+r=(1+j)(1+i) \text{ 或 } 1+i=\frac{1+r}{1+j}$$

在通货膨胀条件下把 DCF 法用于对战略投资方案评价时，有关指标的计算一定要在口径一致的基础上进行，其中尤其要注意现金流量的估计是否考虑了通货膨胀因素。

5.运用 DCF 法对资金投放战略方案评价选择时应注意的问题

（1）DCF 法作为一种投资评价工具，其逻辑是严谨合理的，因此它输出的结果的合理性主要取决于该模型输入数据的合理性。

（2）由于资金投放战略方案的特性，使得各有关指标预测、分析的难度空前加大，各种数据的不确定程度亦会有很大提高，导致DCF模型中输入数据很难准确确定。因此，DCF法的评价结果中必然包含较大可能的随机错误。故其作用应该是说服性的和参考性的，而绝不能将其理解为结论性的。

（3）为了保证正确评价与选择资金投放战略方案，应采用定量与定性相结合的方法，即既应该使用DCF法，同时还应仔细考虑一些关键战略因素对资金投放战略方案的影响，并综合考虑两方面的结果，以做出正确的抉择。

6.资金投放战略实施的一般步骤

（1）分析战略变化。

（2）分析组织结构。

（3）分析组织文化。

（4）选择战略实施方式。

（5）资金投放战略实施与控制。

（二）企业资金筹措战略的制定与实施

1.企业资金筹措战略的类型

（1）内部型资金筹措战略，也称为经营型筹资战略，是指主要从企业内部开辟资金来源，筹措所需资金。

采用内部型资金筹措战略必须采取切实有效的实施措施才有可能获得成功。这些措施主要有：适应市场环境的变化；加强内部管理，节约各项费用；降低利润分配率，提高留存盈余的水平，把大部分利润留存于企业用于生产和发展；合理制定和利用折旧计划等，以增加积累，减少税收支出；减少资金占用，加速资金周转；加强企业内部资金的调度，避免资金闲置。

（2）金融型资金筹措战略，主要指企业通过与金融机构建立密切的协作关系，有效地利用这些金融机构的信贷资金，以保证随时获得长期稳定贷款的筹资战略。这是一种从企业外部以间接金融方式筹集资金的战略。

（3）证券型资金筹措战略，是指主要依靠社会资金来源，通过发行各种有价证券，特别是发行股票和债券等方式来筹集资金的战略。

（4）联合型资金筹措战略，是指主要依靠企业间的联合，通过企业间信用、吸收、合并、收买、投资等方式，充分利用其他企业的资金力量和金融力量进行筹资的战略。这种战略的主要形式有：通过企业间信用筹资，包括应付账款、应付票据等内容；通过金融机构的贷款或者是政府的资金援助；通过吸收、合并、收买等方式，一方面利用对方企业的资金力量或金融力量，另一方面通过合并来扩大销售额和利润，以此来增强企业的资金筹措能力；通过举办合资企业、合营企业和补偿贸易等方式利用外商资金，以此来解决资金不足问题。

（5）结构型资金筹措战略，是指多种筹资渠道与方式并重，不存在单一的重点筹资渠道与方式。这种战略实际上是一种综合性的筹资战略，它是上述四种不同筹资战略的某种组合。

2.企业资金筹措能力分析及开发

（1）资金筹措能力分析。企业可以从多种资金来源渠道，用不同的筹资工具或方式筹措所需资金。从不同来源筹集资金的能力受不同因素的影响。所以，分析、评价企业的资金筹措能力，首先应该分析企业从不同来源获取资金的能力，然后再将它们综合起来，才能得到比较准确的结果。企业的资金来源可以分为企业内部资金来源与企业外部资金来源两大类。

内部资金筹措能力的一般估计。企业内部资金来源，就是企业在其所获得的收入和利润中重新投入企业生产经营过程中，参加资金再循环的那部分资金。

负债资金筹措能力的一般估计。企业负债资金来源，就是企业通过借债的方式所能获得的资金。企业的负债资金筹措能力，主要取决于企业的盈利水平与资金来源结构。

权益资金筹措能力的一般估计。权益资金来源，即企业通过发行新股或以其他方式增资获得的资金。

资金筹措能力的综合分析。企业总的资金筹措能力是其内部资金筹措能力、负债资金筹措能力和权益资金筹措能力的总和，但不能视为上述三种能力的简单算术和。首先，上述三种能力之间是互相联系，互相影响的；其次，资金筹措能力还受到企业多方面其他因素的影响，具体可分为内部因素和外部因素，上述估计只能看作一种大致的预测。所以，企业要分析、预测自身的筹资能力，还必须在上述预测、估计的基础上，结合其他重要影响因素进行综合分析。并据此对上述估计的结果进行必要的调整，从而更加全面、准确地认识自身的资金筹措能力。

（2）资金筹措能力开发。从一定意义上说，资金筹措能力是企业可以自我控制的，即可以通过自身有意识、有成效的努力而在一定程度上予以加强。这说明资金筹措能力具有可开发性。开发企业的资金筹措能力，一般可从以下几方面进行：提高盈利能力，改善资金结构；加强与金融机构的联系；增强企业领导和资金筹措人员不断开发利用新的融资渠道和工具的能力；扩大企业影响，提高企业信誉；促进产融结合；制定有效的企业战略。

（三）企业股利分配战略管理

1.企业股利决策与企业战略的关系

股利决策至少将从以下两个方面对企业战略产生影响。

（1）股利决策事实上也是一项筹资决策，它关系到企业内部资金来源数量的多寡。

（2）公司股利决策还是影响与改善其外部环境，特别是外部金融环境的重要方式。

由上述分析可知，股利决策的正确与否，对于企业战略的顺利实施和最终成功有很大的影响。所以，企业必须重视和审慎地制定股利决策。

2.股利战略的含义与内容

所谓股利战略，就是依据企业战略的要求和内外环境状况，对股利分配所进行的全局性和长期性谋划。

与通常所说的股利决策或股利政策相比较，股利战略具有以下两个特点：一是股利战略不是从单纯的财务观点出发决定企业的股利分配，它是从企业的全局出发，从企业战略的整体要求出发来决定股利分配的。二是股利战略在决定股利分配时，是从长期效果着眼的，它不过分计较股票价格的短期涨落，而是关注于股利分配对企业长期发展的影响。

3.股利分配战略的制定步骤

（1）分析内外环境。

（2）拟定备选方案。

（3）评选方案。

三、大数据与商业模式创新

（一）商业模式创新概述

1.商业模式创新定义

商业模式创新是指企业在价值创造过程中所采取的基本逻辑上的创新变化。它既可能包括多个商业模式构成要素的变化，也可能包括要素间关系或者动力机制的变化。通俗地说，商业模式创新就是指企业以新的有效方式赚钱。

2.商业模式创新的构成条件

（1）提供全新的产品或服务、开创新的产业领域，或以前所未有的方式提供已有的产品或服务。如 Grameen Bank 提供的小额贷款产品服务，开辟了全新的产业领域，是前所未有的。西南航空公司提供的也是航空服务，但它提供的方式不同于已有的全服务航空公司。

（2）其商业模式至少有多个要素明显不同于其他企业，而非少量的差异。如 Grameen Bank 不同于传统商业银行，其特点是以妇女为主要目标客户，贷款额度小，不需要担保和抵押等。西南航空公司在多方面，如提供点对点基本航空服务、不设头等舱、只使用一种机型等，不同于其他航空公司。

（3）有良好的业绩表现，体现在成本、盈利能力、独特竞争优势等方面。如 Grameen Bank 虽然不以盈利为主要目的，但它一直是盈利的。西南航空公司的利润率连续多年高于其全服务模式的同行。如今，美国、加拿大等中短途民用航空市场，一半已逐步被像西南航空那样采用低成本商业模式的航空公司占据。

3.商业模式创新的特点

创新概念可追溯到熊彼特，他提出创新是指把一种新的生产要素和生产条件的"新结合"引入生产体系。具体有 5 种形态：开发出新产品、推出新的生产方法、开辟新市场、获得新原料来源、采用新的产业组织形态。相对于传统的创新类型，商业模式创新有如下几个明显的特点。

（1）商业模式创新更注重从客户的角度，从根本上思考企业的行为，视角更为外向和开放，更多注重和涉及企业经济方面的因素。商业模式创新的出发点，是如何从根本上为客户创造增加的价值。因此，它的逻辑思考的起点是客户的需求，根据客户需求考虑如何有效满足它，这点明显不同于其他许多技术创新。一种技术可能有多种用途，技术创新通常从技术特性与功能出发，看它能用来干什么，去找它潜在的市场用途。商业模式创新即使涉及技术，也多是技术的经济因素，与技术所蕴含的经济价值及经济可行性有关，而不是纯粹的技术特性。

（2）商业模式创新不是单一因素的变化，它常常涉及商业模式多个要素的变化，是一种集成创新。商业模式创新往往伴随产品、工艺或者组织的创新。如开发出新产品或者新的生产工艺，就是通常认为的技术创新。技术创新，通常是对有形实物产品的生产来说的。但如今是服务为主导的时代，对传统制造企业来说，服务也远比以前重要。因此，商业模式创新也常表现为服务创新，体现在服务内容、方式，以及组织形态等多方面的创新变化。

（3）从绩效表现看，商业模式创新如果提供全新的产品或服务，那么它可能开创了一个全新的可盈利产业领域，即便提供已有的产品或服务，也更能给企业带来更持久的盈利能力与更大的竞争优势。传统的创新形态，能带来企业局部效率的提高、成本的降低，但它容易在较短时间内被其他企业模仿。商业模式创新虽然也表现为提高企业效率、降低成本，但由于它更为系统和根本，涉及多个要素的共同变化，因此更难被竞争者模仿。它通常给企业带来战略性的竞争优势，而且这种优势往往可以持续数年。

4.商业模式创新的四种方法

（1）改变收入模式就是改变一个企业的用户价值定义和相应的利润方程或收入模型。这就需要企业从确定用户的新需求入手。这并非市场营销范畴中的寻找用户新需求，而是从更宏观的层面重新定义用户需求，即去深刻理解用户购买你的产品需要完成的任务或要实现的目标是什么。其实，用户要完成一项任务需要的不仅是产品，而是一个解决方案。一旦确认了此解决方案，也就确定了新的用户价值定义，从而可以进一步推动商业模式创新。

国际知名电钻企业喜利得公司（Hilti）就从此角度找到用户新需求，并重新确认用户价值定义。喜利得一直以向建筑行业提供各类高端工业电钻著称。但近年来，全球激烈竞争使电钻成为低利润标准产品。于是，喜利得通过专注于用户所需要完成的工作，意识到用户真正需要的不是电钻，而是在正确的时间和地点获得处于最佳状态的电钻。然而，用户缺乏对大量复杂电钻的综合管理能力，经常造成工期延误。因此，喜利得随即改动它的用户价值定义，不再出售而是出租电钻，并向用户提供电钻的库存、维修和保养等综合管理服务。为提供此用户价值定义，喜利得公司变革其商业模式，从硬件制造商变为服务提供商，并把制造向第三方转移，同时改变盈利模式。戴尔、沃尔玛、道康宁（Dow Corning）、Zara、Netflix和Ryanair等公司都是通过这种方式进行了商业模式创新。

（2）改变企业模式就是改变一个企业在产业链的位置和充当的角色，也就是说，改变其价值定义中"造"和"买"的搭配：一部分由自身创造，其他由合作者提供。一般而言，企业的这种变化是通过垂直整合策略或出售及外包来实现的。

（3）改变产业模式是最为激进的一种商业模式创新，它要求企业重新定义所在产业，或者进入并创造一个全新的产业。例如，Business Infra-structure Services 通过开放自身的 20 个全球货物配发中心，并大力进入云计算领域，成为提供相关平台软件和服务的领军者。类似地，高盛（Gold-man Sachs）、富士（Fuji）以及印度企业集团 Bharti Airtel 等也在进行此类商业模式创新。

（4）改变技术模式。正如产品创新通常是商业模式创新的主要驱动力，技术变革同样如此。企业可以通过引进激进型技术来主导自身的商业模式创新，例如当年许多企业利用互联网进行商业模式的创新。而今天，云计算被认为是最具潜力的技术，它能够提供全新的用户价值，从而为企业的商业模式创新提供契机。另一项重要的技术革新是 3D 打印技术。如果这一技术最终成熟并实现商业化，将为众多企业带来深度的商业模式创新。

5. 商业模式创新的四个维度（图 7-2）

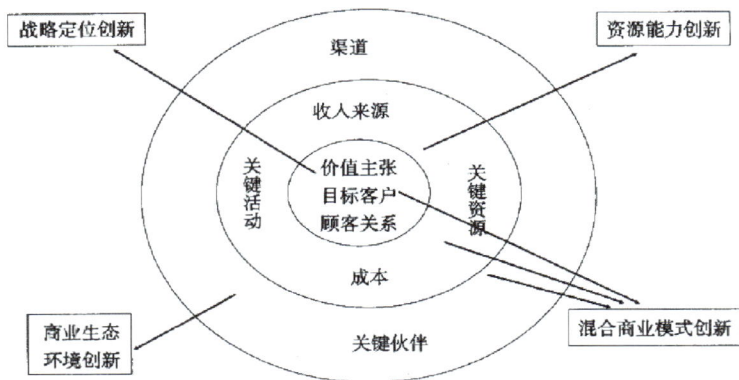

图 7-2　商业模式创新的四个维度

（1）战略定位创新。战略定位创新主要是围绕企业的价值主张、目标客户及顾客关系方面的创新，具体指企业选择什么样的顾客、为顾客提供什么样的产品或服务、希望与顾客建立什么样的关系、其产品和服务能向顾客提供什么样的价值等方面的创新。在激烈的市场竞争中，没有哪一种产品或服务能够满足所有的消费者，战略定位创新可以帮助我们发现有效的市场机会，提高企业的竞争力。

在战略定位创新中，企业首先要明白自己的目标客户是谁，其次是如何让企业提供的产品或服务在更大程度上满足目标客户的需求，在前两者都确定的基础上，再分析选择何种客户关系。合适的客户关系也可以使企业的价值主张更好地满足目标客户。

（2）资源能力创新。资源能力创新是指企业对其所拥有的资源进行整合和运用能力的创新，主要是围绕企业的关键活动，建立和运转商业模式所需要的关键资源的开发和配置、成本及收入来源方面的创新。所谓关键活动是指影响其核心竞争力的企业行为；关键资源是指能够让企业创造并提供价值的资源，主要指那些其他企业不能够替代的物质资产、无形资产、人力资本等。

在确定了企业的目标客户、价值主张及顾客关系之后，企业可以进一步进行资源能力的创新。一方面，企业要分析在价值链条上自己拥有或希望拥有哪些别人不能代替的关键能力，根据这些能力进行资源的开发与配置；另一方面，如果企业拥有某项关键资源如专利权，也可以针对其关键资源制定相关的活动计划。对关键能力和关键资源的创新也必将引起收入来源及成本的变化。

（3）商业生态环境创新。商业生态环境创新是指企业将其周围的环境看作一个整体，打造出一个可持续发展的共赢的商业环境。商业生态环境创新主要围绕企业的合作伙伴进行创新，包括供应商、经销商及其他市场中介，在必要的情况下，还包括其竞争对手。市场是千变万化的，顾客的需求也在不断变化，单个企业无法完全完成这一任务，企业需要联盟，需要合作来达到共赢。

企业战略定位及内部资源能力都是企业建立商业生态环境的基础。没有良好的战略定位及内部资源能力，企业将失去挑选优秀外部合作者的机会以及与他们议价的筹码。一个可持续发展的共赢的商业环境也将为企业未来发展及运营能力提供保证。

（4）混合商业模式创新。混合商业模式创新是一种战略定位创新、资源能力创新和商业生态环境创新相互结合的方式。根据笔者的研究，企业的商业模式创新一般都是混合式的，因为企业商业模式的构成要素战略定位、内部资源、外部资源环境之间是相互依赖、相互作用的，每一部分的创新都会引起另一部分相应的变化。而且，这种将战略定位创新、资源能力创新和商业能力创新相结合，甚至同时进行的创新方式，可为企业的经营业绩带来显著提升。

（二）大数据时代下商业模式创新的积极作用与实施方式

1. 大数据对商业模式创新的积极作用

（1）促进个性化商业模式发展。大数据是互联网发展到一定阶段之后的产物，基于计算机处理数据能力的提升和储存功能的完善，大数据逐渐渗透到企业当中，不断塑造个性化的商业模式。不同的企业在大数据时代下，积极寻求自己的出路，大数据在关键步骤上促进了个性化商业的发展。有关数据显示，2018年90%以上的企业管理人员都会把大数据运用到商业模式个性化中，但只有不到10%的人会付诸实践。比如，现在网上定制产品越来越多。海尔电器在前期运用大数据推出了个性化产品定制服务，运用企业的销售数据和用户的反馈报告等，在不同的地区采取差别发货的策略，越来越关注客户的个性化需求。大数据对推动企业个性化商业模式的发展具有重要作用，改变了同行业之间商业模式单一的局面。

（2）改善公司业务固有模式。大数据与以往所有的商业模式都不一样，企业管理者不得不改变固有的模式，逐渐探索大数据时代下独特的业务模式。大数据为商业模式提供了基本的技术支持，线上线下的商业模式已成为现在的主流，传统门店经营方式占比正在逐渐降低。三只松鼠作为高端零食行业的领头人，在2022年营收达到72.93亿元，第三方电商平台营收占比为65.66%。再比如，数字音乐的使用对象在2023年达到8亿人，付费的使用者约占10%。商业网络化的趋势已经对企业固有的业务模式形成了巨大的冲击。

（3）优化商业信息资料处理。商业资料在大数据之前主要有财务数据、人力数据、大客户数据等，大数据时代的商业信息得到了极大的优化，商业信息处理中最突出的特点是加入对小客户、个人客户资料的大数据处理。腾讯旗下的QQ通过大数据分析优质客户，提高了80%的营业额。通过对每一个客户的资料进行精细化分析，QQ能推荐最适合客户的产品。大数据时代，商业数据的扩大化和精细化越来越明显，大数据已经具备优化商业信息处理的技术手段。目前，商业模式创新的难题主要是数字化渠道的开发。

2. 大数据时代下商业模式创新的方式

（1）积极引进大数据人才。人才是创新的动力，银行、互联网、地产等行业已经在积极储备大数据人才，并在各大高校招揽人才。商业模式的创新离不开源源不断的人才支持，只有不断吸引新的高科技人才，激发员工的创新意识，商业模式创新的道路才会越走越远。在企业商业模式创新中，金融和互联网复合型人才是最紧缺的类型。

（2）稳步推进业务改革。大数据时代要求我们对商业模式进行创新。但是，目前对于不同类型的公司是否适合大数据商业创新没有定论。我们在商业模式创新中不可急躁冒进，应在不同部门之间缓慢地改革，在业务中挑取个别有特色的产业，采用试点和推广相结合的方式进行，这样才能避免对企业日常的经营活动造成较大影响。

（3）转移商业分析重心。商业模式分析的重心与企业的盈利息息相关。大数据技术不成熟时，企业商业模式主要依赖于质量和技术突破，但是，大数据时代要求我们关注消费者本身的诉求，注意商业分析重心的变化。比如，作为日用品的领头企业，联合利华将商业分析的重心转移到消费者诉求上，从产品的包装到产品的规格、产品性能，联合利华都力求做到尽善尽美。

四、大数据与企业成本控制

（一）大数据对企业成本的影响

对于企业来讲，大数据的应用能够直接影响企业的发展趋势，而成本控制对于企业来说至关重要。成本是企业竞争成败的主要因素之一，而大数据能够有效地帮助企业控制好企业的成本。

1.企业成本分析

企业成本分析一般指的是企业利用成本核算及其他有关资料，分析成本水平与构成的变动情况，研究影响成本升降的各种因素及其变动原因，寻找降低成本的途径。成本分析是企业成本管理的重要组成部分。通过成本分析，企业能够正确评价其成本计划的执行成果，揭示企业成本波动的原因，为编制成本计划和制定经营决策提供重要依据。

传统的成本分析方法主要有比较分析法、比率分析法和因素分析法。比较分析法是将两个或两个以上相关的数据进行对比，从数量上确定差异的一种分析方法；比率分析法是通过计算和对比经济指标的比率，转化为相对数后进行对比分析的一种方法；因素分析法就是将综合经济技术指标分解成各个原始因素，然后确定各个因素变动对该项经济指标的影响程度。

2.大数据背景下的企业成本控制现状

（1）大数据应用领域广阔。大数据技术处理数据非常快，在某些信息的处理以及储存方面具有一定的优势，因此大数据能够为企业提供一些数据，并对数据进行处理，帮助企业提供相关的方案以及促进企业快速制定决策。而大数据本身就具有类型多样化的特点，能够很好地为跨行业的多种企业提供信息，帮助企业更好地对这些信息数据进行处理，帮助企业更好地制定决策，预测未来市场的发展，提高企业自身市场竞争力。

（2）成本管理不够实时。在企业利用大数据进行成本管控时，需要考虑成本的多个方面。例如，物料成本涉及采购各环节，销售成本涉及销售环节。以物料成本为例，它涵盖了多个环节和不同类型的成本，如采购环节中的价格成本和运输成本、生产环节中的仓储成本，以及物料浪费所产生的成本等。然而，在实际生产运营中，很多企业未能对这些环节中的成本进行实时监控，导致成本管理滞后。仓储部门负责物料的实时管理，因此，在其他部门使用物料时，应向仓储管理部门提出申请，填写申请表，并及时将库存情况录入数据库，以便企业进行有效的管理和实时库存查询。在生产管理中，也应实时登记物料使用情况和生产产品数量，既能有效管控物料成本，又能对工人效率进行监督，从而控制人工成本，防止浪费。尽管许多企业已引入大数据并建立了内部数据库，但这些数据的实时性往往存在问题，值得企业高度重视，确保成本管理能够真正做到实时有效。

3.案例分析：京东商城供应链外部成本控制

（1）加强与上游供应商的信息共享。京东商城大数据技术通过将分析过的数据以可见或可读的形式输出，以便使用者获取相关信息，做到更加直观，表现力更加丰富，便于供应链成员之间的信息交流。同时，大数据技术可以全面了解产品供销过程，帮助企业更全面地考虑如何选择供应商和销售渠道，这样就实现了供应链内部企业之间的一致性和协作性，形成更良好的合作关系，然后以更直观的方式展示给使用者，提升供应链控制的整体水平。

（2）辅助建立优质合作关系。京东商城通过大数据技术，利用销量和评价等算法筛选出优良的供应商，与优质供应商建立长期稳定的合作关系。这样不仅能够保证稳定的货源，降低采购成本，还能保障货物的质量，减少与供应商的交易成本，并能保证在较短的时间内拿到符合要求的商品，大大节省时间成本、人力成本，减少仓库缺货风险。稳定的货源关系提高了库房的利用率，减少了京东商城的库存管理成本。京东商城通过更紧密的沟通合作达成战略协作关系，降低了供应商和京东商城双方的成本，共同将成本降至最低，提高了整体供应链的核心竞争力。

（3）优化与下游用户的成本维系。分析数据的大计算让交易平台获得新生。通过对京东商城新老用户的各项指标、营业收入、回头客数量以及流失客户数量等隐性成本数据进行详细的记录和整理，企业可以分析新用户的获取成本以及客户黏性。同时，结合促销手段对高潜用户进行定向营销，并分析每个客户的需求，为用户提供个性化的服务，从而提升用户的购物体验，维系客户与京东商城的关系。

（二）大数据在企业成本管理中的应用

1.优化企业成本控制体系

大数据时代是在互联网发展的基础上出现的，企业通过互联网可以获得多种信息和数据，并实现各个部门之间的数据共享，从而促进部门间的紧密合作。通过互联网，各个环节的成本数据能够传输到企业的大数据平台，企业可以通过分析不同部门和环节的成本，完善成本控制体系。例如，通过对一段时间内成本的计算与分析，企业可以确定在正常生产条件下的标准成本，并建立标准成本数据库。此数据为企业的成本预算和事前控制提供依据。通过将实际成本与标准成本进行比较，企业能够识别差异并分析原因，从而及时进行调整，实施事中控制。同时，通过分析差异原因，确定责任并及时解决问题，避免类似问题的发生，实现事后控制。

2.实现企业一体化管理

通过大数据平台，不同部门的信息可以集中在一个平台上，实现信息的资源共享，企业可以获得跨部门的综合性信息。例如，把财务模块与企业的采购、物流、仓储、研发、生产、销售等模块的信息进行综合，实现信息共享。通过对综合性数据中与成本有关的数据进行占比结构或者变化趋势分析，对成本的产生进行细化分析，然后在每个关键节点上进行成本的控制。通过对每一个节点的控制，企业的成本得到有效控制。

3.缩短企业成本计算周期

通过运用大数据技术，企业能够把各个环节所产生的成本实时传输到企业的信息共享平台上，能够及时、准确、全面地观察到生产过程中的成本变化，也能够及时对成本进行有效的控制与管理。这个成本的动态管理平台，会缩短企业成本的计算周期，使得决策者和管理者能够实时了解企业的成本状况，及时调整各个环节的成本偏差。在大数据时代，企业的价值链成本控制方法应用于各个部门和环节。企业应该从整体的角度来考虑企业的成本，将企业的成本发生环节进行细分，找到每个关键环节成本产生的原因，并进行有效的协调。

（三）大数据与成本变动

随着大数据技术在企业财务管理中的应用，大数据背景下企业成本控制呈现以下特点：一是成本管理由"忽视"向"重视"转变。传统的财务管理模式下虽然企业对于成本控制工作相对重视，但是总体而言容易忽视成本控制环节，而基于大数据技术的发展，国内外经济环境的严峻挑战，企业对成本控制工作越来越重视。二是成本控制由"单一"向"三全"转变。传统的成本管理主要是由财务人员单独实施与控制，财务人员按照预定要求进行操作，而基于大数据技术的发展催生了管理会计的发展，使得企业成本管理必须要突出全员、全过程参与以及全成本控制的"三全"模式。三是成本管理由"核算型"向"价值型"转变。核算型属于事后控制，主要是侧重对经济活动发生后的控制，而价值型则将成本控制前移，有效提升了成本管理的效率。大数据对成本的控制包括以下几个方面。

1.采购成本

采购成本包括采购过程中的价格成本和物流成本。在采购成本控制中，大数据对企业和供应商双方都能发挥重要作用。对于企业而言，大数据分析可以帮助确定采购商品的合理价格，使企业在实际采购时能够轻松比价，从而获得更具竞争力的价格，并减少成本预测的误差。此外，大数据可以更精准地计算成本，降低预算风险，并提供更全面的数据支持，帮助企业选择合适的供应商。在运输过程中，大数据的应用可以优化产业链，提高物流效率，帮助企业选择合适的运输合作伙伴，并便于物流路线的规划与比价。企业在开展采购管理时，能够清晰掌握物流状况，并将信息流、物流和资金流整合进行集成化管理。同时，企业还可以利用大数据与外部进行信息交流，提升采购管理的整体效率。通过对信息技术的有效利用，企业内部可以加强采购环节的成本控制。

2.生产成本

生产成本包括生产过程中的物料成本和仓储管理成本。物料成本控制涉及原材料费用、人工费用等多个方面。在生产过程中，有效控制原材料的使用和消耗，能够避免不必要的浪费，而大数据技术可以实时监控原材料的使用情况，防止浪费现象的发生。同样，在人工费用的控制方面，大数据可以帮助企业根据生产需求精确计算人工投入量，并对空调、照明等设施的使用情况进行优化调整，从而在保证生产正常进行的同时减少资源浪费。对于仓储管理成本的控制，大数据可以帮助企业建立完善的数据库和出入库管理系统，有效监督和控制库存情况，避免物料因存放过久而无法使用的情况发生。通过优化库存管理，不仅能节省仓储空间，还能减少不必要的仓储费用，从而大幅度降低生产成本。

3.销售成本

对于企业来说，尤其是销售成本占比较大的企业，应用大数据能够更精准地响应产品销售渠道和市场情况。与传统销售模式相比，大数据销售显著提高了销售效率，节省了企业在市场中逐一选择合作商的时间和费用。此外，大数据还改变了传统实体店的销售模式，帮助企业减少了店面等固定开支，打破了空间和地域的限制，进一步提升了经济效益。通过对顾客相关数据的分析，企业可以更深入地了解客户需求，获取有关客户的职业、偏好等信息。基于这些数据，企业能够在网络销售平台上针对性地进行产品推广，从而提高客户的购买意愿。大数据还改变了传统的广告推广模式。传统广告通常依赖于传单等纸质媒介，这不仅增加了纸张的消耗，还提高了推广成本。而借助大数据，广告可以通过线上平台、社交媒体或公众号等渠道进行推广，大大降低了广告成本，同时提高了推广效率。

4.物流成本

企业处在供应链条件下，各个环节都会发生物流费用，其中运输成本占比最大，统计数据显示其占比接近50%。所以利用大数据平台能够实时反映企业在采购、生产、销售等各环节的物流成本。通过对企业各环节物流成本的监控，可以进行企业物流路线的综合规划，找到适用于本企业的最佳路线、最佳的运输时间点，并与物流公司建立长期的合作，从各个方面降低企业的物流成本，提升企业的运输效率。并且可以打破部门之间的界限，实现仓储、配送和物料使用的一体化管理。此外，还可以实现采购与物流的分离。采购部门只需提供采购物品的地点、所需数量和供应时间，物流部门可以进行各种原材料或者商品的统一调度，来提高企业的运输效率，降低运输成本。

【实训任务】某公司费用分析

根据AJHXJL的利润表数据，先对整体费用结构进行横向与纵向对比，再对财务费用、管理费用、销售费用进行分析对比，找出增减明显和变化异常的项目，进行分析并溯源，最终提出相关优化建议。

五、大数据与市场精确定位

（一）市场定位分析

1.分析思路

市场精确定位的具体思路就是通过日常销售活动与市场调研等来收集消费者的信息，建立消费者数据库体系，以此来筛选客户。随后在市场上开展一系列准确的、有创意性的活动，使公司产品的形象与竞争者区别开来，从竞争中脱颖而出并占领市场。

为什么要进行市场定位呢？首先，市场定位能创造差异，有利于塑造企业特有的形象；其次，市场定位能适应细分市场消费者或顾客的特定要求，更好地满足消费者需求；最后，市场定位能形成竞争优势，增强企业竞争力。

2.定位方式

精准市场定位的主要方式是客户关系管理（Customer Relationship Management，CRM）。CRM 系统是指利用软件、硬件和网络技术，为企业建立一个客户信息收集、管理、分析和利用的信息系统。以客户数据的管理为核心，记录企业在市场营销与销售过程中和客户发生的各种交互行为，以及各类有关活动的状态，提供各类数据模型，为后期的分析和决策提供支持。

我们在市场上会看到一些店主在经营过程中在小本子上面记录顾客购买产品的名称、数量及顾客的具体信息，这就是原始的客户关系管理。但随着数据库技术的发展，我们发现它有利于更精准定位客户，进而为他们提供更满意的产品和服务。

CRM 系统是以顾客为中心来运作的，它直面顾客，实现对顾客的关怀和沟通，通过一套数据库软件来实现企业管理定位模式的运行。CRM 系统的基础是顾客数据，通过各种渠道收集顾客信息。CRM 包括电子商务技术、多媒体技术、数据挖掘技术、人工呼叫中心及专家系统等。

CRM 系统的重点是通过对顾客信息的分析，开展一系列针对性的定位活动来满足客户需求，改善与客户的关系，培养客户忠诚度。CRM 系统通过管理和应用客户信息，建立以客户为中心的定位平台，对目标客户进行精准定位和深度开发，促进公司战略的顺利实行，使公司日常业务的管理更加科学和规范化。

（二）大数据的应用

1.对顾客的精准识别

企业可以运用大数据技术分析定位到有潜在需求的消费群体，并针对这个群体开展有效的推广活动，以刺激顾客对产品的购买。对于已经是企业产品顾客的用户，企业可以通过对其消费数据的分析来把握他们各自的购物习惯，并向他们推送符合其购买倾向、消费偏好的定制化产品。同时，企业也可以根据潜在消费者不同的特征（如对价格不敏感的客户）对其进行标签化，再对这类人群进行精准的营销定位活动，促进商品的销售。通过大数据精准市场定位，我们也可以对流失的客户进行挽留，比如对于竞争对手流失的客户，我们可以收集他们的信息，精准定位他们的偏好，开展针对性的推广活动，促使他们转变为公司的客户。我们还可以对那些长时间没有购买公司产品和服务的消费者，进行精准分析，向他们推送感兴趣的产品或服务，以使他重新成为公司的消费者。

2.数据库协同整合

随着信息技术的不断发展，企业从单一媒介收集来的消费者碎片化信息已经不能满足要求，企业需要数量更多、类型更加复杂的消费者信息。随着大数据技术的发展，我们可以把接触消费者的各种媒介融合起来，使这些媒介的数据能够相互共享和互通，把分散在各处的消费者信息收集起来。目前，我们还处于把消费者碎片化信息整合在一起的初级阶段。但是随着技术的发展，跨平台、跨终端、跨媒介的多维度信息融合将会在未来实现。届时，在未来的数据库中，消费者主观信息和客观信息将会集合在一起，以方便我们进行深入的研究。作为我们收集信息的渠道，电视、手机、互联网可以记录消费者各种行为数据。而社交平台、网络社区是用户输出自己意见的主要渠道。公司可以用这些平台引导话题、制造讨论，使顾客主动参与对公司产品信息的互动反馈与即时分享。通过多个信息渠道的互联互通，未来大数据定位的关键特征将是消费者数据多角度、全方位的融合。

3.深度计算

当前，我们使用的大数据挖掘技术和可视化技术已经能实时地存储和分析顾客的交易行为、消费过程。随着科技的进步，数据深度挖掘技术将会更加先进，数据运算的速度将会越来越快。更加先进的数据技术将会分析用户的思考方式，对客户行为的把握越来越准确。

大数据时代，深度计算使顾客的消费过程能够以数据的形式完全展现，从而为企业的市场定位提供了更精确的指导。运用该技术，我们可以更加精准地把握用户的习惯和偏好，生产出满足他们需求的产品。但是，我们可以预见，随着消费者对产品要求的日益提高，他们将不再满足于消费现成的产品，相反，提供满足消费者需求的"定制化产品设计"将成为大数据市场定位活动开展的主流趋势。

第8章　大数据与企业财务预警管理

【本章目标】
- 了解大数据与企业财务风险之间的关系
- 了解基于大数据背景下风险治理的特征
- 掌握大数据对企业财务预警管理的影响
- 掌握大数据对企业危机管理的影响

【学习重点、难点】

重点：
- 大数据与财务风险管理的关系
- 大数据与财务预警模型的关系

难点：
- 大数据对企业财务危机管理的影响机理
- 大数据背景下企业内部控制模式的变化

一、企业财务预警管理

（一）大数据对财务风险管理的影响

企业财务风险是指在各项财务活动过程中，由于各种难以预料或控制因素的影响，财务状况具有不确定性，从而使企业有蒙受损失的可能性。按财务活动的主要环节，可分为流动性风险、信用风险、筹资风险、投资风险。按可控程度分类，可分为可控风险和不可控风险。财务风险管理是指经营主体对其理财过程中存在的各种风险进行识别、度量和分析评价，并适时采取及时有效的方法进行防范和控制，以合理可行且经济的方法进行处理，以保障企业经营管理的安全性。财务风险可能出现在企业活动的任何一个环节，一旦风险因素爆发，就像蝴蝶效应一样，可能迅速引发危机，甚至导致本来看起来健康、稳健的企业瞬间陷入困境甚至破产。而大数据基于全面数据分析的理念，将会在最大程度上实现对风险的控制或规避。作为大数据技术的产物，大数据来源于人类在网络上进行互动行为时所产生的混乱、无结构的数据信息。因此，大数据的特征就是海量化、快速化、多样化和价值化等，能够为企业管理者的决策行为提供可靠的分析背景。大数据技术在构建信息交流平台方面具有独特优势，借助于大数据信息交流平台，使得风险因素识别、度量等活动在信息交流平台顺利完成，提高了财务风险管理效率。如在大数据技术的支持下，企业可以通过量化手段对各种企业财务数据和经营数据进行高效整理和定期分析，及时处理企业在运营过程中存在的问题。基于此，能够在最大程度上降低企业的财务风险，提高财务风险的预警效率。

在大数据技术的支持下，财务风险甄别和排查能力的不足已经不再是企业财务风险管理和预警工作的主要障碍。但必须注重数据化分析范式的财务风险因素甄别和处理模式的合理性和适用范畴。传统财务风险预警模式与大数据技术支撑下的财务风险管理工作存在很大差异性，不能够将二者的职能与作用混淆。前者的着力点在于构建完善的风险防范和管理体系与框架，重在财务风险因素出现后如何处理和管理；而大数据支持下的财务风险预警更注重基于海量数据和数据模型下的风险因素甄别和分析。

（二）大数据驱动下的公司治理创新

公司治理是研究企业权力结构和职能安排的，重点分析如何将权力授权给职业经理人，并对其履行职责的行为进行监督。公司治理机制主要包括四种基本路径：内部治理机制、外部治理机制、法律与政治因素，以及产品市场竞争。企业财务管理的有效运作和有序发展，主要依赖于内部治理、外部治理和员工的有效监督。公司治理是企业生成和应用数据的重要环节，且在很大程度上受大数据的影响。因此，探索如何在大数据时代提升公司治理的有效性，对公司治理理论和实践具有重要意义。大数据技术和信息平台可以推动公司治理的结构、机制和模式等方面发生深刻变革，减少对经验和直觉的依赖，通过数据挖掘与分析来加强管理效能。

一方面，大数据使得公司治理走向精准之路。以往的公司治理以定性分析为主，而大数据时代通过数据分析和挖掘使其量化成为可能，从而使大量复杂的定性分析转化为简单易行的定量分析，使公司治理逐步走向精准之路。大数据支持下的公司治理在宏观层面形成以大数据挖掘和应用为基础的公司治理体系，包括公司治理机制、结构和模式，促使治理层面更加精准，提高公司治理有效性；在微观层面，公司治理活动从最初决策到最后执行之间的各个环节更加切实可行，从而保证企业活动有条不紊地推进，有助于提升公司治理效率和科学性。

另一方面，大数据能够使公司治理更加具有预见性。当前公司治理模式下，独立董事制度、监事会制度存在重叠交叉，导致公司治理流程错位，不能进行有效预测。而大数据技术通过结构化、半结构化、非结构化数据进行建模分析，能够得到公司治理与公司管理中的隐藏模式、数据背后的相关关系以及其他有效信息，从而提高预测未来事件发生的概率。

（三）大数据推动风险治理变革

在市场竞争不断加剧的经营环境中，外部风险对于企业绩效的影响越来越大，如监管制度变动、供应链风险、自然灾害等。同样，在不确定性的经营环境中，企业不得不更多关注其经营战略本身的风险，如并购、多元化等市场行为所蕴含的风险。因此，企业风险防范是一个系统性的工作任务，但当前管理层和员工缺乏风险全过程管理的意识，导致对企业全面风险管理重视不够，其风险治理效率低下。另外，企业虽然建立相对有效的内部审计监督体系，但其监控的主要对象是企业的财务运行，对企业其他经营管理行为带来的财务风险重视不足。简而言之，企业缺乏完善且连续的风险防范监控链，难以树立起有效的全面风险管理模式。

因此，企业风险管理部门应重视大数据技术和信息平台，从整体上把握企业风险，充分利用数据模型建立健全且能够涵盖企业风险管理主要环节的风险管理制度体系，分析企业风险管理存在的不足和薄弱环节。尤其是多元化经营的企业，由于涉足多个业务领域，需要各个领域协同发展，应充分借助企业大数据平台智能作用，对敏感领域进行重点防范，积极发现并降低企业财务管理和内控方面的风险。面对零散海量的数据，很多企业往往只是简单地进行汇总，没能进行有效分类、汇总、收集和分析，没能检查、筛选和挖掘对企业有价值的信息，对企业关注和使用的热点信息缺少安全性把控，可能使企业面临未知的风险。

以银行业为例，大数据能较好地解决传统信贷风险管理中的信息不对称难题，提升贷前风险判断和贷后风险预警能力，实现风险管理的精确化和前瞻性。银行业可以打破"信息孤岛"，全面整合客户在多渠道上的交易数据，以及经营者的个人金融、消费行为等信息，从而降低信贷风险。

（四）大数据在优化资源配置中的作用

在经营环境不确定性不断加剧的背景下，企业为了对冲外部风险的负面冲击，不断扩大投资范围，其经营管理业务的复杂性进一步增加，项目投资、生产经营、融资等环节蕴含的风险因素不断积累。这要求企业不断发现和应用新的风险管理工具、增强风险评估能力，有效防范和控制外部环境和内部经营过程中产生的市场风险和经营风险。对企业风险管理部门而言，最重要的就是能否事先发现风险苗头，提前采取应对措施，防止潜在风险演变为事实风险。而大数据最核心的应用在于预测，为企业提前研判风险提供信息支持。例如商业银行在配置资产过程中，基于大数据技术及其信息平台分析，不断积累客户信息、资产负债情况、资金收付交易等大量高价值密度数据。这些高密度数据通过专业技术挖掘和分析之后，将产生巨大的商业价值。美国 Progressive 保险公司（2020 全球保险最具价值品牌第十名）通过大数据建模研究发现，理赔周期越短，理赔费用越少。因此，他们投入 3000 多万美元建设"自动理赔管理系统"，新系统大大缩短了理赔时间，从以前平均的 42 天缩短为 6 天，客户的流失率下降了三分之二，续保率达到 90% 以上。我国平安保险公司通过建模，已经可以实现车险 95% 以上自动核保，寿险 70% ~ 80% 自动核保。太平人寿保险公司超过 60% 的新保单申请能被自动处理，整体核保处理速度及容量大幅度提高。目前，其承包部门平均处理一份保单申请仅需 0.2 秒，24 小时便可以处理 432000 份保单申请，相当于 2000 名员工一天工作量的总和，大大节约了人力成本。

二、大数据与企业财务预警模型

（一）传统的企业财务预警模型

随着我国市场经济体制改革的不断深化，经济领域中的复杂性、不确定性日益凸显，企业发生财务危机的情况越来越频繁。因此，财务危机已成为企业利益相关者需要预测并应对的重要风险之一。构建财务预警机制，及时沟通企业有关财务危机预警的信息，有效地防范和化解财务危机，是任何一家企业都必须解决的问题。目前，企业财务预警模型分为单变量预警模型和多变量预警模型。

1.单变量预警模型

单变量预警模型是指利用单个财务比率来进行财务预警，以判断企业是否发生财务危机的一种预测模型。Beaver（1966）在其《财务比率与失败预测》一文中，以企业财务危机预警为主题，以单一的财务比率指标为基本变量，运用配对样本法，发现最能对企业危机做出预警的指标是"现金流量/总负债"比率，其次是"净收益/总资产"比率和"总负债/总资产"比率。其中，"现金流量"来自"现金流量表"的 3 种现金流量之和，除现金外还充分考虑了资产变现能力，同时结合了企业销售和利润的实现及生产经营状况的综合分析，这个比率用总负债作为基数，只考虑了长期负债与流动负债的转化关系，却没有考虑负债的流动性，即企业的债务结构，因此对一些因短期偿债能力不足而出现危机的企业存在很大的误判性。"总资产"这一指标没有结合资产的构成要素，不同的资产项目在企业盈利过程中所发挥的作用是不同的，不利于预测企业资产的获利能力是否具有良好的增长态势。

2. 多变量财务预警模型

多变量预警模型则是同时利用多个财务指标判断企业发生财务危机的预测模型。

（1）Z 计分模型。Altman（1968）提出的"Z 计分模型"是把传统的财务比率和多元判别分析方法结合在一起，认为企业是一个综合体，各个财务指标之间存在某种相互联系，并且不同财务指标对企业整体风险的影响和作用不同。该模型的具体形式如下：

$$Z=0.012X_1+0.014X_2+0.033X_3+0.006X_4+0.999X_5$$

式中，X_1=营运资本/总资产，反映资产的流动性与规模特征；X_2=留存收益/总资产，反映企业累计盈利状况；X_3=息税前收益/总资产，反映企业资产的获利能力；X_4=权益的市场价值/总债务的账面值，反映企业的偿债能力；X_5=销售总额/总资产，反映企业的营运能力。通过统计分析，Altman 认为 Z 值应在 1.81 ~ 2.99 之间。如果企业的 Z 值处于 2.675 ~ 2.99，表明企业的财务状况良好；如果 Z 值小于 1.81，则企业存在很大的破产风险；如果 Z 值处于 1.81 ~ 2.675，则企业财务状况是极不稳定的。

Z 计分模型的变量选自资产流动性、获利能力、偿债能力和营运能力等指标中一两个最具代表性的指标。模型的系数则是根据统计结果计算得到的各指标相对重要性的权重。实证表明，该模型对企业短期的财务危机有很好的预警功能。

20 世纪 70 年代，日本开发银行调查部选择了东京证券交易所的 310 家上市公司作为研究对象，使用与 Altman 相同的研究方法，建立了"利用经营指标进行企业风险评价的破产模型"，进行企业财务危机预测。其判别函数为：

$$Z=2.1X_1+1.6X_2-1.7X_3-X_4+2.6X_5+2.5X_6$$

式中，X_1 表示销售额增长率；X_2 表示总资本利润率；X_3 表示他人资本分配率；X_4 表示资产负债率；X_5 表示流动比率；X_6 表示粗附加值生产率（为折旧费、人工成本、利息及利税之和与销售额之比）。模型中和的系数若为负，则表明他人资本分配率和资产负债率越小，风险也越小。该模型 Z 值的判断标准为：如果 Z 值大于 10，则企业财务状况良好；如果 Z 值小于 0，则企业存在严重的财务危机，破产的概率极大；如果 Z 值在 0 与 10 之间，则表明企业处于"灰色区域"，存在财务隐患。

（2）F 分数模型是一种用于预测公司财务危机的分析工具，它基于一系列财务指标，通过特定的算法和公式计算出一个综合分数，从而帮助投资者、分析师和决策者判断公司的财务状况和潜在风险。F 分数模型和 Z 计分模型在构建思路和预测目标上类似，但 F 分数模式在财务指标的选择上更为精细，特别考虑了现金流量变动等方面的情况，从而提高了预测的准确性，这一改进使得 F 分数模型在预测上更具实用性。该模型的具体公式如下：

$$Z=-0.1774+1.1091X_1+1.1074X_2+1.9271X_3+0.0302X_4+0.4961X_5+0.4961X_6$$

式中，X_1，X_2 及 X_4 与 Z 计分模型中的 X_1，X_2 及 X_4 相同，这里不再进行分析；$X_3=$（税后纯收益+折旧）/平均总负债；$X_5=$（税后纯收益+利息+折旧）/平均总资产。F 分数模型与 Z 计分模型中各比率的区别就在于其 X_3，X_5 的比率不同。X_3 是一个现金流量变量，它是衡量企业所产生的全部现金流量可用于偿还企业债务能力的重要指标。一般来讲，企业提取的折旧费用，也是企业创造的现金流入，必要时可将这部分资金用来偿还债务。X_5 测定的是企业总资产在创造现金流量方面的能力。相对于 Z 计分模型，它可以更准确地预测出企业是否存在财务危机。F 分数模型的 F 分数临界点为 0.0274；若某一特定的 F 分数低于 0.0274，则将被预测为破产公司；反之，若 F 分数高于0.0274，则公司将被预测为继续生存公司。

（二）基于大数据的企业财务预警模型

在大数据环境下，企业从在线信息中获取的相关数据，其内容可能包含导致企业财务危机方方面面的因素，甚至包含人们尚未认识到的危机根源。大数据体现了群体智慧的特征，真正有价值的信息其实较为稀少，即所谓的信息价值密度较低。这在一定程度上避免了人为的掩盖或疏漏，大大降低了信息不对称的风险。

大数据视角下，财务风险预警机制以全样本数据为基础，从多个维度收集实时数据。它不局限于分析特定财务或非财务指标，而是根据每次预警的需求进行选择，从而保障预警的准确性和稳定性。

1.支持向量机

支持向量机（Support Vector Machine，SVM）是Cortes等在多年研究统计学习理论基础上提出的，其设计源于结构风险最小原则和有限样本假设，在过度学习、局部收敛、高维灾难等问题方面克服了传统机器学习（如神经网络）的缺陷。SVM分类方法基于结构风险最小化理论，在特征空间中建构最优分离超平面，使得学习器得到全局最优化。它能正确将两个类别分开，并找到最大化分类间隔的平面，即最优分类平面。

SVM超平面可用方程表示为：$w^{\mathrm{T}}x+b=0$，对于样本 (x_i, y_i) $i=1$，2，3，…，n 进行最优分离超平面构造。在企业财务预警模型的应用中，假设预警指标有 m 个，即SVM的输入为 m 维变量，判别企业是否危机的指标为 n 个，即SVM的输出为 n 维变量。取 p 个企业数据作为研究总体 $S=\{x_i, y_i | i=1$，2，3，…，$p\}$，$x \in \mathbf{R}^m$，$y \in \mathbf{R}^n$。对于总体 S，取出一部分样本作为训练数据，另一部分样本作为验证数据。因此，企业财务预警问题的本质即针对训练样本空间寻求最优分类面，继而确定核函数和参数，从而获得问题的决策函数。RBF函数为最优核函数，其函数为：$k(x_i, x_j) = e - r\|x_i - x_j\|^2$，$\gamma > 0$，通过选择核函数和其他参数，经过训练得到企业财务危机预警的非线

性支持向量机模型，其决策函数为：

$$f(x) = \text{sgn}\left\{\sum_{i=1}^{n} \alpha_i r_i k(x \cdot x_i) + b\right\}$$

2.随机森林模型

随机森林模型实质是包含多个决策树的分类器，这些分类器的形成采用了随机的方法，其输出的类别是由个别树输出的类别的众数而定。首先将样本按照3：1的比例分为学习样本和测试样本，学习样本采用随机森林工具箱的 classRF_train（）函数创建一个随机森林分类器，最后利用工具箱函数 classRF_predict（）对测试样本进行仿真预测。

3.BP神经网络模型

BP神经网络模型是单向传播的多层前馈网络，其结构一般分为三层：输入层、隐含层与输出层。运用BP神经网络进行财务预警分析时，将测试样本按照3：1的比例分为学习样本和测试样本，样本中的净资产收益率、总资产报酬率、销售毛利率、资产负债率、现金比率、已获利息倍数、净利润增长率、股东权益增长率、营业利润增长率这9个财务指标数据作为输入数据 X_i，则输入节点为9，财务状况作为输出数据 Y（ST公司 Y =0，正常公司 $Y=1$），则输出节点为1。经验证，隐藏节点为10时，误差最小。用学习样本训练出符合精度要求的神经网络后，即可对测试样本进行判定。判定标准是：当输出值在［0.5，1］，则判定为正常公司；当输出结果在［0，0.5］，则判定为ST公司。

三、大数据与企业财务危机管理

（一）推动企业内部环境优化

所谓内部控制，是指企业为实现其经营目标，保护资产的安全完整，保证会计信息资料的正确可靠，确保经营方针的贯彻执行，保证经营活动的经济性、效率性和效果性，而在单位内部采取的自我调整、约束、规划、评价和控制的一系列方法、手段和措施的总称。而内控环境则是内部控制体系的基础，是有效实施内部控制的保障，包括组织结构、管理者作风、内部审计、人力资源和企业文化等。

1.通过大数据推动内控环境的有机协调

企业的组织结构是内部控制环境有效性的基础。一般而言，企业的董事会、监事会、审计部、人力资源部等组织分立，职责区分，相互制衡，在一定程度上有助于内控目标的实现。但组织结构的复杂化也容易产生纵向、横向的壁垒与相互协作效率的下降。当企业内部组织结构等数据具有可得性时，大数据技术能够推动内控环境各环节、各层次之间的信息共享与透明化，从而推动内控环境内部的有机协调，提升内部控制效果。

2.通过大数据衡量内控环境的有效性

企业文化是内控环境的无形载体，对内控效率具有举足轻重的作用。因此，对企业文化的评估，是内控环境的重要环节。企业文化具有无形、隐性等特征，是根植于员工与企业、管理层与员工之间的情感联系。大数据技术能够通过对企业活动，如办公会议发言、组织材料、企业活动，甚至员工和管理层的社交网络和移动平台等定性资料进行数据化和可视化，从而将员工的情绪、情感、偏好等主观因素数据化和可视化，那么企业文化这种主观性的东西也就变得可以测量。

3.通过大数据增加内控环境的弹性

内控环境的弹性主要体现在企业组织结构建构与外部环境的协调性。传统的组织结构中，中等层级较多、人员复杂，容易导致权责推诿，降低了内控效率，同时导致信息流通不畅，不利于企业目标的实现。更为严重的是，组织结构的僵化会严重限制员工创新型思维的产生，挫伤员工积极性。而大数据技术及其信息平台能够推动企业结构趋于扁平化、小型化，并提高其柔韧性；能够帮助其管理层构建更为有效的决策体系和以业务流程为导向的工作团队与信息结构。

（二）提升企业财务风险评估精度

财务风险评价是企业内部控制效果的关键因素，能够在经营过程中识别和分析相关风险，并确定和执行相应解决策略，有助于企业经营目标的实现。而大数据技术能够针对企业内部经营和外部环境的海量数据进行精准分析，极大提高风险评估的准确度。这里仍以商业银行的信贷业务为例，银行管理层和信息平台利用大数据技术对客户的个人特征、信用记录、工作状况、财产持有情况，甚至社会生活等非标准化数据进行定量分析和精准判断，能够准确度量客户的信用状况，为银行的授信与放贷服务提供支持。例如，招商银行是中国第六大商业银行，而 Teradata 是一家处于全球领先地位的企业级数据仓库解决方案提供商，在中国有数百家合作伙伴。Teradata 公司针对招商银行庞大客户群的海量客户数据，为其提供了智能数据分析技术服务，用于升级数据仓库管理系统。除此以外，Teradata 还监控并记录客户在 ATM 机上的操作，通过这种方法了解并分析客户的行为，能够有效预防借助 ATM 机实施的违法行为。

再以保险行业为例，精算是保险公司赖以生存和发展的技术基础，但传统的精算分析均是基于标准数据和格式化信息进行估计和分析。而有部分保险公司则尝试将大数据技术应用于精算过程，借助海量的非标准化数据分析得出更加准确的保险费率。以此为启发，多数企业均可基于大数据技术及其信息平台，针对企业内部风险与外部风险评估环节重新解构和再组织，以构建更加符合企业经营环境和经营状态的风险评估模型。如在内部风险评估上，通过对董事、监事以及其他高管人员的工作偏好、工作态度、工作能力等主观性因素进行定量把握，进而勾勒出核心管理层和企业骨干的管理风险、操作风险倾向。再如评估研发风险一直都是企业管理风险的重点和难点，其原因在于研发创新活动的影响因素过于隐秘化，研发主体与企业管理之间的信息不对称性较高。利用大数据技术对研发活动的所有环节，如研发支出、研发人员特征意愿、研发成果有效性等进行海量数据监控，能够很大程度上避免研发活动过于盲目而带来的内部风险。在企业外部风险识别方面，大数据技术能够对产业动向、供应链、政策走向等系统性风险进行针对性分析，从而高效地进行外部风险管理。

（三）控制活动的成效性

1.大数据提高了内控的智能化

内控活动繁多，如授权审批控制、会计系统控制、财产保护控制等，而大数据技术的应用能够通过多种途径增强内部控制活动的智能化和有效性。事实上，涉及内控的各种管理软件和信息平台技术已经在经营管理活动中大量应用，但其所采集的数据、技术方法仍拘泥于传统方式。在大数据时代，海量、种类繁多、适时性强的数据进一步为智能化企业管理提供了可能。谷歌、微软、百度等都在以大数据为基础，开发其人工智能。机器人并非万能，但在智能化的企业内控模式下，控制活动的人为失误将得到明显的降低，内控的成效也会得到很好的提升。以阿里巴巴为例，随着该集团旗下的淘宝平台、天猫平台在运营过程中积累了海量的客户数据，集团运营方向逐渐转向基于该信息平台优势的金融服务业务。阿里巴巴集团通过对客户信息的计算分析，设计并应用了用户评价体系模型，整合了成交数量、用户信用记录等标准化数据，以及用户评论等非标准化数据。同时，利用大数据技术大量搜集银行信贷、用电量等数据，能够对客户的信用特征、贷款倾向，甚至放贷额度等信息进行精准定位。其多年的信贷活动和金融服务业务的不良贷款率仅为 0.78%。阿里通过掌握企业的交易数据，借助大数据技术自动分析、判定是否向企业提供贷款，全程不会出现人工干预。

2.大数据增强了内控活动的灵活性

风险是企业日常运营及生产中的最大隐患，重大的财务风险直接影响着企业的生存。企业的经营活动涉及诸多方面，如合同签订、原材料采购、物资验收、资金使用、固定资产报废等。这就迫使企业对所有经营要素和管理对象进行细致入微的考虑和处理，才能将企业财务风险降到最低。内控活动也涉及企业经营管理的每一个环节，其制度执行和措施完善必须追求全面控制效果。但这也容易导致内控机制和措施容易陷入管理教条主义的陷阱。大数据技术基于海量数据的监控，能够对企业经营活动在全方位数据化、可视化的基础上，实现对内控制度、内控措施与内控效果的适时分析、评估、实验，并及时发现问题，进而提出应对措施，提高内控活动的灵活性。目前，诸多大型企业为了提升内部控制的灵活性，提高内控制度效率，利用互联网技术或相关信息平台采集海量数据。例如，沃尔玛、家乐福、麦当劳等连锁商店在其重要的门店中，安装搜集相关数据的互联网装置，追踪客户信息、门店流量、商品采购和预订等信息。在此基础上，企业分析师根据所采集的海量信息对门店销售行为、门店设计、物流等情况进行建模分析。

3.大数据分析本身就是内控行为

大数据分析将企业经营管理行为数据化和可视化本身就是一种内控行为，这能够增强企业管理层对风险与问题的识别能力，提高内控成效。事实上，在企业经营过程中，海量数据的收集一直是一种持续的行为。如网店交易记录、电子渠道交易记录、网页浏览记录等标准化和非标准化的数据都存储在企业之中。但由于存储介质多样化、存储特征不规范、存储方式不得当等原因，数据缺失较为严重，整合难度较大，导致海量数据难以转化为有效的高价值变量进行分析。如商业银行在零售业务领域中存储了大量电子商务客户的网银应用记录及交易平台的具体表现，而大数据技术通过深度分析，将客户分为消费交易型、资金需求型以及投资进取型客户，并根据不同分组客户的具体表现特征，为此后的精准化产品研发、定向营销，以及动态风险监控等关键指标提供依据。因此，诸如网点交易记录、电子渠道交易记录等海量数据和大数据技术本身就成为商业银行的核心竞争力。

（四）有效的内部监督

1.大数据可以提升会计核算标准和报表数据质量

在复式记账法下，每一笔凭证都有借贷双方，这就使得会计科目、会计账户、会计报表之间有着密切的勾稽关系。会计电算化的出现虽然防范了手工记账下借贷双方不平衡的风险，但在会计科目的使用规范、会计报表数据的质量校验等方面难有作为。对于中小企业来说，事后更正会计报表的数据错误比较容易；对于存在大量财务合并报表的集团企业来说，会计核算不规范将给财务人员带来较大的困扰。而在大数据时代下，企业的核算规范和报表之间的勾稽关系将作为财务数据的校验规则纳入财务系统。财务人员能够利用大数据对企业会计核算规范的执行和报表数据质量进行实时控制，从而促进企业月绩报表合并的顺利执行，真正实现敏捷财务。

2. 大数据可以分类梳理原始凭证，防范风险的发生

大数据可以对原始凭证进行分类和梳理，有效防范风险的发生。虽然国外 SAP 公司的企业财务报表合并系统能够强制检查企业财务报表的勾稽关系，并终止无法通过检查的报表合并，但下属单位的财务人员仍需不断调整自制凭证，以达到上报标准并完成月结。这一过程需要反复磨合，消耗大量的人力和物力，最终才能确保集团整体的核算规范得以落实。此外，公司的人事变动也会对月结速度产生较大影响。而通过将原始凭证"数据化"后，财务人员可以首先对不同业务内容的"数据化"原始凭证进行梳理和标记，然后财务系统对这些凭证进行识别，限制可使用的会计科目，从而将风险控制在做账环节，提升企业财务管理水平。

3. 大数据可以完善内控，进行内部监督

完善企业内控需要对内控环境、风险评估、控制活动、信息与沟通等组成要素进行监督，建立有效的内控评价机制。在这种内控的监督过程中，大数据至少可以提供两方面的帮助。其一，大数据有助于适时的内控监督。大数据的显著特点之一是流数据、非结构化数据的适时性。在大数据技术下，企业可以通过采集来自内部信息化平台、互联网、物联网等渠道的大量数据信息，对内控效果进行适时评价，从而弥补定期报告式监督的时效缺陷。其二，大数据还有助于全面的内控监督。大数据的另一个显著特点是总体数据的可得性与可分析性，有效避免了传统审计中抽样评估

造成的缺陷。基于大数据技术下的内控评价，将更为客观、全面。

【实训任务】民营企业利用大数据进行财务风险预警分析的案例

大数据机制下的企业财务风险预警机制（简称"新机制"）可以分为常态预警机制和特殊预警机制两种。常态预警机制贯穿于企业的每一天，而特殊预警机制只有在企业即将进行重大决策时才会启动。这两种财务预警机制可分为数据采集和处理、风险判断、预警报告出具及预警效果评价和反馈四个阶段。

民营企业利用大数据建立财务风险预警机制：

数据采集和处理阶段的机制设计。在数据采集和处理阶段，相关人员借助计算机每天收集和更新与企业、行业和宏观经济有关的海量数据，包括企业内部的财务和非财务数据、供应链企业公开数据、本行业和相关行业数据以及宏观经济数据等，并根据数据类型对其进行分类整理。

风险判断阶段的机制设计。在风险判断阶段，新机制需要对风险类别和风险程度进行分析，并对是否做出风险预警进行独立判断，因此该阶段是整个新机制中最重要的一个阶段。一方面，通过对数据库中海量数据的计算，新机制可对企业内部状况、行业风险、行业关联影响、供应链传导影响和宏观经济影响等进行分析，从而识别和量化由其单独或交互影响产生的企业政治风险、法律风险、市场竞争风险、经营风险等各类容易引发财务风险的商业风险。在现有的财务预警机制中，当量化结果超过风险预警的临界值时，预警机制会做出预警决策。另一方面，借助大数据和人工智能技术，新机制可以应用支持向量机模型和神经元模型，以找到更加优化的"临界值"。在新机制中应用支持向量机模型，即寻找一个可以将企业有效区分为面临财务风险企业和未面临财务风险企业两部分的最优平面，并由此得到一个决策函数，这个函数就相当于临界值。当企业将某一时点的数据输入新机制后，若企业被识别归类为"具有财务风险的企业"，则新机制需要做出预警。将神经元模型应用于新机制中，设定一个计算企业所处点与最优平面距离的函数，一旦这个函数的值小于预定值，则神经元被激活，它将输出财务预警信号，以便企业更加及时地对潜在风险进行防范。在正式启用新机制前，需应用大量不同企业的历史数据对新机制进行训练，从而得到有效的决策函数。同时，在正式启用之后，新机制也会根据每次预警的效果对决策函数进行不断的修正和调整。在对风险做出预警后，新机制还可根据历史数据对该风险可能导致的经济后果进行分析预测。

预警报告出具阶段的预警决策信息生成。根据风险判断的结果，新机制可自动生成预警报告。报告主要由三部分组成：一是结构化处理后的财务和非财务数据，这些数据分为企业情况、行业情况和宏观情况三部分，以表格形式列出，方便报告使用者查阅和理解；二是对企业内部状况、行业风险、行业关联影响、供应链传导影响和宏观经济影响的文字分析，使报告使用者可以对当前企业自身状况和所处环境有清晰的了解；三是对企业所面临财务风险的预警，包括风险类型、风险等级、风险原因和预期经济后果，从而为预警报告使用者提供决策支持。

预警效果评价和反馈阶段的运行机理。预警效果评价和反馈阶段可以提高预警的准确性和稳定性。一方面，新机制通过收集整理报告使用者对每次预警效果的评价，对神经元模型中的预定值进行调整，从而控制预警的敏感度，满足不同企业对各类风险预警的个性化需求。另一方面，对于新机制来说，每一次预警同时也是一次训练，可以在使用的过程中不断对决策函数进行修正，从而提高对风险影响因素变化的适应性，保证和提高财务风险预警质量。

民营企业设计财务风险预警路径：

企业内部状况动态分析。企业内部状况包括企业内部财务状况和非财务状况。其中，财务状况比较容易衡量，主要借助于企业 ERP 系统等财务软件提供的各项财务数据或财务指标；非财务状况包括企业的治理结构、内部控制建设情况以及其他规章制度实施的效果等，这些因素都会对企业未来的财务风险产生潜在的影响。因此，对这些数据进行分析可提高预警效果的准确性和稳定性。

行业风险测度分析。行业风险可通过行业集中度、行业利润率、行业销售增长率等一系列定量指标来衡量。借助大数据技术，一方面可以对这些量化指标进行实时更新，另一方面也可以对近年来新兴的如管理层语调等非结构化信息进行处理，从而获取其中的增量信息，提高预警分析的准确性。

行业关联影响分析。在新机制下，首先借助大数据技术对往年数据进行收集和分析，判断出各行业对本行业的影响程度和影响方向，以确定所谓的"相关行业"。然后通过对相关行业表现的分析结果预测该行业未来的发展态势，进而对是否存在风险及风险水平做出判断。

供应链传导影响分析。首先应判断企业对上游和下游企业的依赖度，该因素可通过供应商（客户）所处行业的密集度、单家采购量（销售量）占比、零件（商品）重要性等指标来衡量。其次应对依赖度较高的上、下游企业的财务状况进行分析，若发现它们可能面临财务危机，应及时做出预警。

宏观经济影响分析。由于宏观经济因素分析的数据以文字为主，因此在分析预警时可考虑借助大数据技术进行语调分析，识别出利好信息和不利信息，再结合上文所述的其他分析结果做出最终的预警决策。

研究结果：

大数据下的财务风险预警机制可以快速支持企业在内部状况动态分析、行业风险测度分析、行业关联影响分析、供应链传导影响分析和宏观经济影响分析等五个维度的数据挖掘与分析，为预警的及时性和准确性提供更加有力的保障。结合人工智能技术，各个企业可根据自身的特点量身定制预警指标，并调整指标权重，实现个性化的财务风险预警。全方位、多角度地利用企业财务数据进行风险预警分析，可满足企业不同层面上的预警需求，确保预警的准确性、及时性和稳定性得到更好保障。

主要参考文献

Beaver W H.Financial ratios as predictors of failure[J]. Journal of Accounting Research,1966(4):71-111.

Altman E. Financial ratios,discriminant analysis and the prediction of corporate bankruptcy[J]. Journal of Finance,1968(23):589-609.

Cortes C,Vapnik V. Support-vector networks[J].Machine Learning,1995(20):273-297.

梅塞尔,科金斯.大数据预测分析:决策优化与绩效提升[M].林清怡,译.北京:人民邮电出版社,2014.

曾锵.大数据驱动的商业模式创新研究[J].科学学研究,2019,37(6):1142-1152.

陈晓,陈治鸿.中国上市公司的财务困境预测[J].中国会计与财务研究,2000,2(3):38.

霍远,王惠.关于上市公司财务状况的聚类分析[J].统计与决策,2007(17):156-157.

姬潮心,王媛.大数据时代下的企业财务管理研究[M].北京:中国水利水电出版社,2018.

姜国华,王汉生.财务报表分析与上市公司ST预测的研究[J].审计研究,2004(6):60-63.

李唯滨.企业财务战略与商业模式的价值创造[J].财务管理研究,2022
(9):3-4.

李文,张珍珍,梅蕾.消费升级背景下大数据能力对商业模式创新的影响机理——基于小米和网易严选的案例研究[J].管理案例研究与评论,2020,13(1):102-117.

梁墨,李鸿翔,张顺明.基于ST预测的财务困境测度与股票横截面收益[J].中国管理科学,2023,31(2):138-149.

刘勤,尚惠红.智能财务:打造数字时代财务管理新世界[M].北京:中国财政经济出版社,2020.

刘水兵.现金流量法在企业价值评估中的应用实践分析[J].当代会计,2020(14):141-142.

罗星.企业战略管理中SWOT分析方法应用探讨[J].营销界,2020(50):99-100.

滕晓东,宋国荣.智能财务决策[M].北京:高等教育出版社,2021.

万敏.基于经济周期与产业周期的企业财务战略适应性研究[J].财会通讯(综合版):下,2014(7):92-94.

王佳东,王文信.商业智能工具应用与数据可视化[M].北京:电子工业出版社,2020.

王小沐,高铃.大数据时代我国企业的财务管理发展与变革[M].长春:东北师范大学出版社,2017.

王鑫,刘克春,曾经纬.大数据能力如何促进企业转型升级——技术创新与商业模式创新的多重中介模型[J].当代财经,2022(7):76-86.

吴登.基于大数据分析的电力企业供应商信用风险管理研究[J].现代信息科技,2019,3(2):192-193.

吴松强,陆益明,黄盼盼.基于大数据的科技型小微企业商业模式创新研究[J].科学管理研究,2019,37(6):93-99.

徐杰,鞠颂东.采购管理[M].北京:机械工业出版社,2014.

闫华红,毕洁.大数据环境下全面预算系统的构建[J].财务与会计,

2015（16）：44-46.

袁丹，王玲玲.基于AHP和熵值法的湖北省科技创新环境评价研究［J］.科技和产业，2021，21（5）：225-230.

占莉萍，杨茂盛.互联网企业商业模式的创新——基于大数据分析［J］.企业经济，2018（11）：30-36.

张吉昌，龙静，陈锋.大数据能力、知识动态能力与商业模式创新——创新合法性的调节效应［J］.经济与管理，2022，36（5）：19-28.

张奇.大数据财务管理［M］.北京：人民邮电出版社，2016.

张先治，陈友邦.财务分析［M］.大连：东北财经大学出版社，2017.

张素蓉，李健.全面预算管理的逻辑起点与驱动因素分析［J］.会计之友，2020（1）：36-40.

程平，范珂.大数据时代基于云会计的集团企业全面预算管理［J］.会计之友，2015（18）：110-113.

朱秀梅.大数据、云会计下的企业全面预算管理研究［J］.会计之友，2018（8）：96-99.

张继德，王伟.我国全面预算管理的问题、原因和对策［J］.会计之友，2014（33）：119-122.

池国华，邹威.关于全面预算管理的若干认识［J］.财务与会计，2015（1）：17-20.